KB062171

이 책의 모든 인세는 전세사기 피해자 및 주거 약자 보호를 위해 서울시와 인천시 등에 기부될 예정입니다.
부디 더 이상의 전세사기 피해자가 나오지 않았으면 좋겠습니다.
그리고 이 책이 경매 투자자뿐 아니라 전세임차인의 보증금 반환에도 도움이 되길 소망합니다.

이장원·김진구

청약보다 쉬운
아파트 경매 책

변호사와 세무사가 알려주는 아파트 경매의 모든 것

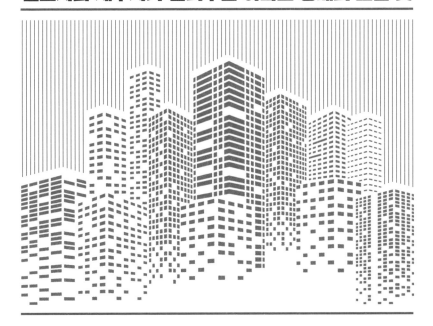

청약보다 쉬운
아파트 경매 책

이장원 · 김진구 지음

천자봉플러스 정상열 감수

일에일북

이 책의 저자 이장원 세무사와 김진구 변호사가 유튜브를 통해 무
료 경매 강의를 올려드립니다. 혼자 책을 읽더라도 이해하기 쉽도
록 이 책의 내용을 상세히 설명하는 강의입니다. 특히 경매를 처
음 접하시는 분들도 쉽게 이해하실 수 있도록 강의를 구성했습니
다. 왜 지금 경매에 주목해야 하는지, 경매에서 중요한 부분은 무
엇인지, 실제 경매사건은 어떻게 분석하는지를 알려드립니다.

 ▶ 이장원 세무사의 두꺼비 TV

재생목록 "청약보다 쉬운 아파트 경매 책" 검색
www.youtube.com/@DukkeobiTV

감수자의 말

이제 부동산 경매는 대중화되었습니다. 특히 젊은 층의 경매에 관한 관심이 그 어느 때보다 많이 증가했습니다. 경매의 시즌을 활용해 내 집 마련과 나아가 수익도 창출할 수 있기를 바랍니다.

미래 수익률 계산 시 가장 중요한 부분 중의 하나는 부동산 세금입니다. 세금을 납부한 뒤 남은 돈이 진짜 수익이기에 "투자의 완성은 절세"라는 말도 있습니다. 저자인 이장원 세무사는 부동산 투자자이자 세금 전문가이므로 경매로 낙찰받은 물건을 매도할 때 어떤 세율이 적용되고 세금을 얼마나 줄일 수 있는지 잘 알고 있습니다.

또한 경제살롱을 운영하며 부동산 관련 강의를 계속하고 있는 김진구 변호사는 경매 초보자도 이해하기 쉽게 입지분석부터 권리분석 기초와 경매 사례를 실무적으로 분석해 경매 초보자의 두려움을 덜어줄 것입니다.

모쪼록 경매를 처음 접하시는 분들이 이번 도서를 통해서 기초적인 경매지식과 실전 경매 사례를 배움으로써 내 집 마련의 꿈을 경매로 이뤄가셨으면 좋겠습니다.

천자봉플러스 정상열

지은이의 말

이 책의 핵심은 '경매'가 아니고 '내 집 마련'입니다. 주택가격이 2022년에 대폭락했다고 하는데 아직 대부분의 대한민국 사람에게 주택가격은 부담스럽기만 합니다. 오히려 서울 및 수도권 주요 지역에서의 주택가격은 급급매의 매물 해소 등으로 인해 다시 주택가격이 반등할 기미까지 보이고 있습니다.

이러한 상황에서 내 집 마련의 기회는 정말 가능하기나 한 걸까요? 주택을 취득하는 대표적인 방식은 매수뿐만 아니라 상속, 증여, 청약 등이 있습니다. 그러나 그런 방식에서 가장 저렴한 취득 방식이 될 수 있는 '경매'를 생각조차 하지 않는 예비 주택 수요자가 너무 많습니다.

이 점이 너무 안타까웠습니다. 내 집 마련이라는 꿈을 이루고자 매일 부동산 앱과 사이트에서 아파트 단지 내 시세만 떨어지길 바라고 있지만, 실상은 시세가 오히려 올라가는 상황이기 때문입니다.

그렇다면 오히려 시세보다 훨씬 저가로도 내 집 마련의 기회를 잡을 수 있는 경매로 접근해보시는 건 어떨까요? 그저 부동산 경매의 목적을 수익 창출만이라고 생각해 경매에 접근조차 하지 않는 독자는 경매에

청약보다 쉬운 아파트 경매 책

대한 선입견을 바꾸셨으면 좋겠습니다.

이 책에서는 경매를 통한 내 집 마련이라는 목적을 달성하기 위한 지식에만 한정해 가장 쉽고 간단하게 이해할 수 있도록 책을 구성하고 표현하도록 노력했습니다. 내 집 마련을 위해 이 책을 한 번 읽어보시면 경매에 대한 시선도 조금은 바뀌실 것이라고 믿어 의심치 않습니다.

독자분들에게 거주의 목적으로서의 주택 구입과 돈을 담는 그릇인 자산가치 보존 및 상승의 목적을 가져갈 수 있는 주택 구입, 두 가지의 목적이 다 실현될 수 있기를 바랍니다.

공동 저자인 김진구 변호사와 경매 강의와 컨설팅을 함께 하며 뜻깊은 책을 쓰자고 의기투합했었는데 이렇게 출간하게 되어 감회가 새롭습니다. 끝으로 항상 응원해주는 주변의 모든 분과 사랑하는 가족에게 감사함을 전합니다.

이장원 세무사

■ ■ ■ ■ ■ ■ ■ ■ ■

전세사기 사건, 빌라왕 사건으로 수많은 피해자가 속출하고 있습니다. 여기에 부동산 하락장까지 겹쳐서 많은 분이 힘들어하고 있습니다. 이러한 상황에서 경매 투자를 공부하는 사람들에게 손가락질한다는 이야기도 들립니다. 누군가의 눈물을 이용해 돈을 버는 것 아니냐는 비판입니다.

과연 그럴까요? 절대 아닙니다. 경매는 전세사기 피해자들의 손해를 조금이나마 줄이는 방법입니다. 경매 참여자들이 많아져야 그나마도 제값에 부동산이 낙찰될 것이기 때문입니다. 제값에 부동산이 낙찰되어야 피해자들에게 조금이라도 더 많은 보증금이 돌아갈 수 있습니다. 경매 물건이 속출하는 현 상황에서 경매 참여자들이 줄어든다면, 피해자들은 보증금보다 턱없이 낮은 금액을 배당받게 되어 피해가 더욱 커질 수밖에 없습니다.

전세사기 예방과 경매 공부는 동전의 양면처럼 이어져 있습니다. 등기부등본을 해석하고 임차인의 대항력과 우선변제권을 확인하는 것은 경매 권리분석의 핵심이기도 하지만, 임차인이 보증금을 지키기 위한 필수 지식이기도 합니다. 나의 소중한 보증금을 지키기 위해, 그리고 경매를 통해 높은 수익을 거두기 위해 경매 공부를 하는 것입니다.

경매물건은 향후 몇 년간 계속 증가할 수밖에 없습니다. 부동산 하락 장과 대출금리 인상, 깡통전세 증가가 이어지고 있기 때문입니다. 경매를 공부한 사람만이 합리적인 가격에 경매물건을 투자할 수 있을 것입니다.

청약보다 쉬운 아파트 경매 책

법을 알아야 안전하게 내 집 마련을 하고 똑똑하게 부동산 투자를 할 수 있다고 생각합니다. 변호사, 세무사, 감정평가사와 함께 공부하면 좋겠습니다.

변호사 선배이자 인생의 롤 모델인 아버지 김교형 변호사님께 존경하고 감사하다는 말씀을 드리고 싶습니다. 또 부족한 저에게 기회를 주시는 이장원 세무사님과 원앤원북스 담당자님께 감사의 인사를 올립니다.

김진구 변호사

목차

감수자의 말 005

지은이의 말 006

1장 2023년, 부동산 시장에서 기회는 오직 경매뿐이다

경매로 정말 싸게 내 집 마련을 할 수 있을까? 017

대한민국의 '부자'는 부동산으로 만들어진다 022

2023년 경매시장에서 매물은 증가, 가격은 하락 중 028

경매 초보도 바로 이해하는 권리분석 맛보기 036

경매 실패 사례부터 알고 가자 042

이것만은 꼭! 기초 경매용어 정리 049

경매분석 사례 1 임차인 없이 소유주 실거주: 서울시 노원구 상계동 아파트 055

경매분석 사례 2 집주인 대신 임차인이 거주: 경기도 고양시 일산서구 아파트 062

2장 　 내 집 마련을 위한
경매의 기초

부동산 경매의 장단점　073

한눈에 살펴보는 경매 진행 절차　080

한눈에 살펴보는 공매 진행 절차　087

대법원경매 사이트 및 경매 사설 사이트 활용법　092

경매사건 핵심 서류 보는 법　098

경매분석 사례 3　입지분석이 중요한 신도시: 경기도 화성시 아파트　108

3장 　 경매 초보자에게 알려주는
입지분석과 비용분석

내 집 마련, 이렇게 접근해봅시다　119

입지분석은 손 임장부터 철저히 하자　123

현장에 답이 있다, 경매 현장조사　138

경매 총 비용분석은 이렇게 하세요　142

경매분석 사례 4　토지거래허가구역 내 재건축 아파트: 서울시 영등포구 여의도 아파트　156

4장 치밀하게 분석하자! 경매 권리분석

경매에서 권리분석이 중요한 이유　167

등기사항증명서를 통한 권리분석　171

부동산 경매 낙찰 후 말소되거나 인수되는 권리　179

경매 초보도 꼭 알아야 하는 유치권　192

세금을 통한 권리분석　198

정말 중요한 임차인 권리분석　203

위장임차인은 이렇게 구별하자　212

실무에서 펼쳐지는 권리분석 Q&A　220

경매분석 사례 5 임차인의 보증금 증액 + 고가 주택: 서울시 강동구 고덕동 아파트　226

5장 낙찰받으러 경매법원에 가자!

입찰가, 얼마를 써야 할까?　237

입찰가 산정을 위한 시세 확인 방법　242

법원 입찰 과정 A to Z　246

입찰표는 이렇게 작성하자　250

원활한 입찰 과정을 위한 Q&A　256

낙찰받았다면 경락잔금대출을 알아보자　263

패찰되었다면 원인을 분석해 자기 성장의 기회로 삼자　267

경매분석 사례 6 낙찰자가 임차보증금을 인수: 경기도 안산시 아파트　271

6장 | # 인도 및 명도에서 스트레스받지 않는 비법

명도, 생각보다 어렵거나 위험하지 않다 281

인도명령과 강제집행 절차에 대해서 알아보자 285

혹시 몰라 알아두는 명도소송 292

현명하게 대응하는 명도 비법 Q&A 297

경매분석 사례 7 법인이 전세권 설정: 경기도 시흥시 아파트 303

7장 | # 소중한 내 임차보증금을 지키자!

전세금 돌려받지 못할 때 어떻게 해야 할까? 313

전세금을 반환받기 위한 법적 절차 318

경매 배당을 통해 보증금 돌려받자 325

경매분석 사례 8 등기사항증명서에 여러 채권자가 복잡하게 존재:
경기도 광명시 아파트 328

참고 문헌 및 참고 사이트 335

1장

2023년, 부동산 시장에서 기회는 오직 경매뿐이다

경매로 정말 싸게
내 집 마련을 할 수 있을까?

이 책의 핵심은 '내 집 마련'이다. 2022년에 주택 가격이 대폭락했다고는 하지만 여전히 가격은 부담스럽다. 서울의 주택 평균 가격은 12억 원에 육박하고 있다. 그럼에도 서울 및 수도권 주요 지역에서의 아파트 가격은 급급매의 매물 해소 등으로 인해 더 이상 추가 조정은 없을 것 같다는 이야기도 흘러나온다.

이러한 상황에서 내 집 마련의 기회는 정말 있을까? 주택 취득 방법은 매매뿐만 아니라 청약, 경매, 증여 등이 있다. 그러나 이 방법 중에서 가장 저렴하게 주택을 구입할 수 있는 경매를 생각조차 하지 않는 예비 주택 수요자가 너무 많다.

이 점이 매우 안타깝다. 내 집 마련이라는 꿈을 이루고자 매일 부동산 앱과 사이트에서 저렴한 급매를 찾는 사람들이 많지만, 실제로 시세보다 저렴한 금액으로 부동산을 매수하기란 정말 어렵기 때문이다.

1장 2023년, 부동산 시장에서 기회는 오직 경매뿐이다

그렇다면 많은 사람이 물어볼 것이다. "경매로 정말 저렴하게 아파트를 구매할 수 있나요?" 아마도 경매 결과는 쉽게 접할 수 없고, 경매로 얼마에 샀다는 지표가 있어도 무언가 찜찜해서 믿지 못하는 것 같다.

결론부터 말하면 "경매로 저렴하게 아파트를 구할 수 있다." 경매 결과의 숫자가 이를 명백하게 보여준다. 아파트 경매 지표에서 가장 중요한 것은 '낙찰가율'이다. 서울 아파트 낙찰가율이 2023년 4월 기준 76.5%인데, 이는 경매 감정가액(최저매각금액) 대비 23.5% 할인된 가격에 경매 아파트가 낙찰되고 있다는 것이다.

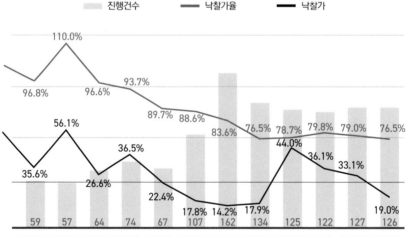

▌ 서울 아파트 경매 지표 ▌

자료: 지지옥션

청약보다 쉬운 아파트 경매 책

더 구체적으로 2023년 경매로 낙찰된 아파트 지역과 평수, 낙찰일과 낙찰 당시의 부동산 시세 및 낙찰가를 분석한 예시 표를 보자. 적게는 4,400만 원에서, 많게는 4억 2천만 원까지 시세차익을 본 물건들이다.

경매를 처음 접하는 사람들은 이렇게 저렴하게 낙찰되는 것에는 무엇인가 이유가 있을 것으로 생각한다. 경제적으로 문제가 생기거나 법적 문제가 생긴 물건들이 경매에 나오는 것이라는 찜찜한 생각을 한다. 그러나 이건 완전한 오해다. 표에 기록한 시세차익은 문제가 전혀 없는 안전한 아파트 물건만 정리한 것이다.

▌2023년 1/4분기 실제 낙찰된 아파트 시세와 낙찰가 차이 비교표(시세차익 순)▐

지역	낙찰일	부동산 시세	낙찰가	시세차익 (낙찰 당시 기준)
경기도 고양시 일산 동구 22평 아파트	2023.3	3.8억 원	3.36억 원	4,400만 원
경기도 군포시 34평 아파트	2023.1	8.5억 원	7.53억 원	9,700만 원
경기도 구리시 33평 아파트	2023.3	6.85억 원	5.58억 원	1억 2,700만 원
서울시 도봉구 49평 아파트	2023.2	11.2억 원	9.5억 원	1억 7천만 원
경기도 성남시 서판교 33평 아파트	2023.1	14.2억 원	11.7억 원	2억 5천만 원
서울시 동작구 48평 아파트	2023.2	15.45억 원	11.25억 원	4억 2천만 원

1장 2023년, 부동산 시장에서 기회는 오직 경매뿐이다

물론 아무리 경매를 통해 싸게 부동산을 매입할 수 있다고 하더라도, 경매가 어렵다면 우리는 섣불리 도전해서는 안 될 것이다. 만약 입찰 과정에서 실수라도 한다면 큰돈을 잃을 수 있기 때문이다. 또 경매를 공부하는 데 지나치게 많은 시간과 비용이 든다면 굳이 경매에 도전할 필요가 없을 것이다.

그러나 필자가 말하는 '경매'는 어렵지 않다. 우리는 엄청난 난도의 특수물건을 해결하고 큰 수익을 창출하고자 하는 것이 아니다. 조금만 공부해도 쉽게 도전할 수 있는 경매물건만을 공부해보고자 하는 것이다. 특히 가장 일반적 주거 형태인 아파트는 난도 높은 유치권 등의 사항은 거의 걸려 있지 않다.

실제로 2023년 4월 기준 경기도의 유찰 2회 이상인 아파트의 일부만을 검색해보니, 앞으로 한 달 내외에 거의 100여 건 이상 검색된다. 경기도(일부 제외)는 유찰 1회 시 30%의 최저가 변동이 일어나 2회 유찰 시 49%에서 최저가가 형성된다는 점을 참고하면 경매를 통해 저렴하게 내 집 마련이 불가능하지는 않음을 파악할 수 있다.

물론 49%의 최저가에 낙찰받는다는 것은 꿈같은 일이라는 점을 꼭 유념하자. 그러나 감정평가액에 비해서 49%, 시세에 비해서도 1억~2억 원가량 낮은 가격을 보인다는 점을 참고했을 때 60% 내외의 낙찰가액을 쓰더라도 해당 단지 내 아파트 시세보다 저렴한 내 집 마련이 경매를 통해 가능하다.

경매가 아니라 일반 매매로 공인중개사를 통해서 경매 최저 입찰가격

▌2회 이상 유찰된 경기도 아파트 물건 ▌

전체선택/예제	소재지	감정가 최저가	진행상태	입찰일자 (시간)	조회수 (열람일시)
☐	**아파트** 경기 고양시 일산동구 식사동 1498,　　(식사동, 위시티일산자이2단지) (경기 고양시 일산동구 위시티4로 46) 건물 115.9254㎡(35.067평), 대지권 58.6762㎡(17.75평) 토지·건물 일괄매각	907,000,000 444,430,000	유찰 2회 (49%)	고양4계 23.04.12 (10:00) 입찰 1일전	363 04/02 14:39
☐	**아파트** 관심 경기 수원시 권선구 권선동 1330, 1필지　　(권선동,권선자이어편한세상아파트) 외 (경기 수원시 권선구 권광로 55) 건물 123.4823㎡(37.353평), 대지권 64.0343㎡(19.37평) 토지·건물 일괄매각	886,000,000 434,140,000	유찰 2회 (49%)	수원14계 23.04.12 (10:00) 입찰 1일전	455 04/11 14:04
☐	**아파트** 관심★ 경기 화성시 오산동 1047,　　(오산동,동탄2신도시금강펜테리움센트럴파 크) (경기 화성시 동탄대로12길 64) 건물 84.9949㎡(25.711평), 대지권 68.3893㎡(20.688평) 토지·건물 일괄매각	756,000,000 370,440,000	유찰 2회 (49%)	수원17계 23.04.13 (10:00) 입찰 2일전	647 04/05 11:05
☐	**아파트** 관심 경기 광명시 철산동 625,　　(철산동,도덕파크타운) 외 1필지 (경기 광명시 가림일로 101) 건물 49.97㎡(15.116평), 대지권 23.9476㎡(7.244평) 토지·건물 일괄매각	680,000,000 333,200,000	유찰 2회 (49%)	안산2계 23.04.13 (10:30) 입찰 2일전	556 04/05 11:06

자료: 탱크옥션

에 부동산을 매수할 수 있을까? 굉장히 어렵거나 불가능에 가까울 것이다. 물론 요즘 저렴한 급매물도 종종 등장하지만, 실제 거래가 되는 경우는 많이 없기도 하다. 경매를 통해 저렴한 비용으로 내 집 마련을 할 수 있는 지식을 지금부터 알아보자.

대한민국의 '부자'는
부동산으로 만들어진다

왜 주변에 부동산 부자는 많은데, 주식 부자는 드물까?

"대한민국 부자는 부동산 투자로 만들어진다." 이 말에 동의하는 사람도 있고 동의하지 않는 사람도 있을 것이다. 그런데 주변을 둘러보면, 부동산 투자로 큰 수익을 얻은 사람은 많은데 주식, 예금, 채권, 펀드 등으로 큰돈을 번 사람은 극히 적다. 과연 왜 그럴까?

실제 대한민국 아파트 수익률과 삼성전자의 수익률을 비교하면 오히려 삼성전자의 수익률이 높다는 그래프를 금방 확인할 수 있다. 이렇게 주식이나 기타 다른 상품 수익률도 나쁘지 않은데 왜 부동산 부자는 주변에 많고 주식 부자는 많이 없을까?

여러 이유가 있겠지만 투자하는 종잣돈의 단위가 다르기 때문이지 않을까 생각된다. 주변에서 5억 원 이상의 부동산을 소유한 사람은 드물지

청약보다 쉬운 아파트 경매 책

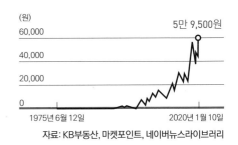

┃ 삼성전자·은마아파트 장기보유 수익률 ┃

※은마아파트 84㎡ 기준, 1차분 분양 마감일
　(1978년 8월 16일)과 입주일(1979년 7월 16일)에
　각각 삼성전자 주식 매입해 보유 가정 시 수익률

8만 305%

2만 7,966%

9,519%

은마아파트
(전용 84㎡)

삼성전자
(은마 분양일 대비)

삼성전자
(은마 입주일 대비)

┃ 삼성전자 주가 흐름 ┃

(원)

60,000

40,000

20,000

0

5만 9,500원

1975년 6월 12일　　　　　　　　2020년 1월 10일

자료: KB부동산, 마켓포인트, 네이버뉴스라이브러리

않다. 서울 아파트 중위가격이 10억 원을 넘으니 서울에 아파트를 소유하는 사람은 10억 원 이상을 부동산에 투자하고 있는 셈이다. 그러나 주변에서 주식을 10억 원 이상 투자한 사람은 흔치 않을 것이다. 만약 있다면 그 사람은 높은 확률로 부동산에는 100억 원 이상 투자하고 있을 것이다.

　이는 가계 자산 구성을 보아도 쉽게 알 수 있다. 우리나라의 경우 비금융자산, 즉 부동산 비중이 64.4%에 육박하는 데 비해 주식의 경우 7.4%에 불과하다. 다시 말해 가계 자산이 10억 원이라면 6.4억 원을 부동산에 투자하고 단 7천만 원만 주식에 투자하는 것이다.

　이러한 상황이니 당연히 부동산 부자는 많고, 주식이나 기타 채권 및 펀드를 통해 부자가 되는 사람은 적을 수밖에 없다. 그렇다면 부동산에 주식보다 훨씬 많은 금액을 투자하는 이유와 방법은 무엇일까?

주식보다 부동산에 투자가 활발한 이유

일반적으로 부동산은 안전자산으로 보기 때문이다. 부동산은 하방경직성이 있어서 일정가격 이하로 잘 떨어지지 않고, 주식처럼 변동성이 그리 크지 않다. 그도 그럴 것이 주택은 투자상품이기 전에 거주 공간이기에, 경제 상황에 따라 쉽게 거래하는 것이 불가능하다. 따라서 가격 변동성이 적어 안전자산으로 여겨진다.

반면 주식은 경제 상황, 통화정책에 따라 급변하기 때문에 위험자산으로 보는 경우가 많다. 코로나19 직후 짧은 기간에 폭락과 수직상승을 겪는 전 세계 주식시장을 보면 변동이 대단히 큰 것도 사실이다. 그래서 큰돈을 주식에 투자하는 것을 꺼리고 안전자산인 부동산에 투자하는 사람이 많다.

두 번째로 부동산에 주식보다 훨씬 큰돈을 투자할 수 있는 이유는 대출을 활용하기 상대적으로 쉽기 때문이다. 부동산을 실거주 목적으로 투자할 때는 주택담보대출을 활용한다. 주택담보대출은 부동산을 담보로 대출을 하기에 부동산 가격의 50~80%까지 빌릴 수 있으며(규제에 따라 다름), 다른 대출에 비해 낮은 이자율로 빌릴 수 있다.

반면 주식투자의 경우 주식담보대출이나 신용대출 등을 이용하는데, 훨씬 적은 금액만을 빌릴 수 있고 이자율도 높다. 따라서 큰 대출과 낮은 이자율로 돈을 빌려서 투자할 수 있는 것이 부동산이기에 훨씬 큰 종잣돈을 투자할 수 있어서 부동산 부자가 많고 주식 및 기타자산 부자는 적은 것이다.

마지막으로 부동산 투자가 활발한 이유는 레버리지를 적절히 활용할 수 있다는 점이다. 일명 '갭투자'는 전세 제도를 이용해 전세임차인을 구하고 전세가와 매매가의 차액만을 투자해 주택을 구매하는 방법이다. 예컨대 10억 원의 아파트를 살 때 5억 원의 전세임차인을 구한다면 차액인 5억 원만 현금으로 갖고 있다면 갭투자를 할 수 있다.

전세 제도는 전 세계에서 우리나라에만 있는 제도다. 다른 나라는 대부분 월세를 이용해서 임차인이 거주하지만, 우리나라는 월세 외에 전세를 통해서 임차인은 매달 월세를 내지 않고 전세보증금만 내면 거주할 수 있다. 전세보증금은 추후 전액 돌려받아 매월 지출이 발생하지 않는다. 나아가 매수자는 전세금이라는 큰돈을 무이자로 받아서 또 다른 주택을 구매할 수 있기에 매우 효과적인 투자를 할 수 있다.

즉 10억 원의 아파트를 살 때 주택담보대출로 5억 원을 빌린다면 매수자는 5억 원에 대한 이자를 부담해야 하지만, 갭투자로 5억 원을 빌린다면 매수자가 5억 원에 대한 이자를 전혀 부담하지 않아도 된다. 이렇듯 무이자로 큰돈을 빌려서 아파트를 사는 방법이 갭투자이기에 부동산 투자를 효과적으로 할 수 있다. 다른 어떠한 투자 방법도 무이자로 투자금을 빌려주는 곳은 없다.

그러나 갭투자도 적정한 자본력이 밑바탕 되어야 역전세난에서도 굳건히 버틸 체력이 되는 법이다. 그렇지 않으면 갭투자를 통해 구매한 내 집이 오히려 경매물건으로 나오는 사태가 펼쳐질 것이다.

지난 20년간 부동산 시총의 성장

앞에서 살펴본 대로 부동산 투자를 많이 할 수밖에 없는 이유가 있고, 이러한 이유로 지난 20년간 우리나라 부동산 시장은 눈부신 성장을 거듭했다. 서울 아파트 가격은 2004년에 비해서 거의 5배 이상 커졌고, GDP 대비 부동산 시총 역시 400%에서 900%까지 성장했다.

앞으로도 부동산이 이렇게 성장할지는 신이 아닌 이상 정확히 알 수는 없을 것이다. 누군가는 지금껏 이렇게 성장해온 데이터가 있으므로 앞으로도 성장하리라고 할 것이고, 반론으로 지금은 부동산 시장에 거

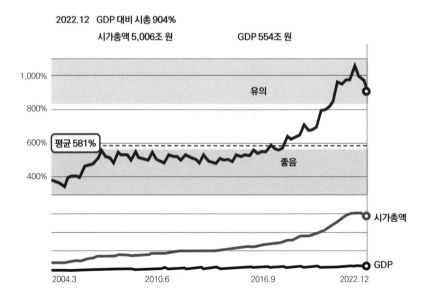

┃ GDP 대비 아파트 시가총액 ┃

청약보다 쉬운 아파트 경매 책

품이 꼈기 때문에 투자에 유의해야 한다고 말할 수도 있다.

2023년이 된 지금 부동산 시장은 확연한 하락 및 조정장이 지속되고 있다. 정부는 부동산 규제를 완화하면서 부동산 시장을 되살리기 위해 안간힘을 쓰고 있고, 이 정책이 효과를 발휘할지는 지켜보아야 할 것이다.

그렇다면 우리는 부동산 시장에서 지금 무엇을 해야 할까? 기존 부동산 사이클을 보면 그 답이 명확하다. 부동산 하락장에서 수익을 낼 수 있는 분야는 단언컨대 '부동산 경매'다. 지금은 경매 공부를 해야 할 시기라고 확신하며, 지금부터 2~3년간 부동산 경매에서 기회를 잡은 사람들이 앞으로 5~10년 뒤 큰 부를 이룰 수 있을 것이다. 그 이유를 살펴보자.

2023년 경매시장에서 매물은 증가, 가격은 하락 중

매물이 쌓여간다, 기회가 쌓여간다

1. 낙찰률

낙찰률이란 경매물건 수와 대비해 낙찰까지 이어진 건에 대한 비율을 말한다. 경매물건이 총 100개였고 이 중 50개가 낙찰로 이어졌다면 낙찰률은 50%가 되는 것이다.

법원경매 전문기업 지지옥션에 따르면 2023년 3월 전국 아파트 경매는 2,450건이 진행되었고, 낙찰률 29.2%를 기록했다. 즉 나머지 70.8%는 유찰되어서 주인을 찾지 못했다는 뜻이다.

전국 아파트 낙찰률은 2022년 4월만 해도 50% 정도를 기록했으나 같은 해 9월 30%대로 내려앉은 뒤 계속해서 낮은 수치를 기록하고 있다. 2023년 1월 발표된 부동산 규제 완화 1.3대책 등의 이유로 약간 반

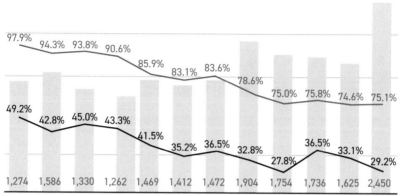

∥ 전국 아파트 경매 지표 ∥

진행건수 ──── 낙찰가율 ──── 낙찰률

	낙찰가율	낙찰률	진행건수
2022/4	97.9%	49.2%	1,274
2022/5	94.3%	42.8%	1,586
2022/6	93.8%	45.0%	1,330
2022/7	90.6%	43.3%	1,262
2022/8	85.9%	41.5%	1,469
2022/9	83.1%	35.2%	1,412
2022/10	83.6%	36.5%	1,472
2022/11	78.6%	32.8%	1,904
2022/12	75.0%	27.8%	1,754
2022/1	75.8%	36.5%	1,736
2022/2	74.6%	33.1%	1,625
2023/3	75.1%	29.2%	2,450

자료: 지지옥션

등하기도 했지만, 그 후 다시 낮아지는 추세다. 낙찰률이 낮다는 것은 그만큼 유찰이 늘어나서 다음 기일에 더 낮은 가격에 부동산 경매물건이 올라온다는 뜻이다.

2. 낙찰가율

낙찰가율이란 감정가 대비 낙찰가의 비율을 뜻한다. 예를 들어 낙찰가율이 100%라는 것은 경매물건 감정가와 동일한 값에 낙찰되었다는 뜻이다.

전국 아파트 낙찰가율은 2023년 3월 기준 75.1%를 기록했다. 낙찰가율이 75%라는 것은, 전국에 있는 아파트의 경매물건 평균 감정가가 10억 원이라고 가정했을 때, 전국의 모든 아파트가 7억 5천만 원에 낙찰되고 있다는 것이다. 즉 감정가보다 25%나 낮은 가격에 경매를 통해 아파트를 구매하고 있다는 것이다.

3. 낮은 낙찰률과 낙찰가율

낙찰률과 낙찰가율이 유례없이 이렇게 낮은 수치를 기록한다는 것은 경매시장에서 수요와 공급의 균형이 무너졌음을 의미한다. 경매법원에 물건은 엄청나게 늘어나는데, 시장 참여자들은 그만큼 늘어나지 못하고 있다고 해석할 수 있다. 그래프를 보면 전국 아파트 경매물건 건수는 2022년 4월 1,274건에서 2023년 3월 2,450건으로 거의 두 배로 증가했다. 그러나 경매 참여자는 그만큼 늘어나지 않고 있어서 낙찰가율과 낙찰률이 모두 줄어드는 것이다.

정리하자면 부동산 경매시장에서 매물이 유례없이 낮은 가격에 나오고 있다. 그러면 그 이유는 무엇일까? 합당한 이유가 있다면 우리는 경매시장에 기회가 오고 있다는 결론을 내릴 수 있을 것이다.

경매 매물이 증가하는 이유

1. 깡통전세로 임대보증금을 못 돌려주는 경우 속출

깡통전세는 일반적으로 집값 대비 전세가격이 80% 이상인 전세를 말한다. 최근에는 집값보다 부동산 전세가격이 되려 높아지는 현상도 발생하고 있다. 이 경우 부동산 전세임차인이 이사를 갈 때 보증금을 돌려받지 못할 가능성이 매우 커진다. 이사를 가면 집주인은 새로운 임차인을 구해서 그 보증금으로 이전 임차인에게 보증금을 돌려주는 형태로 전세를 유지하고는 했는데, 부동산 매매가격 하락과 함께 전세가격 역시 크게 하락했기 때문에 이전의 보증금액을 맞춰줄 수 없는 상황이 되었기 때문이다.

이렇게 보증금을 돌려받지 못한 전세임차인은 최후의 수단으로 부동산을 '강제경매 신청'할 수 있다. 그러나 이를 통해서도 보증금을 다 돌려받을 수 없는 경우가 생긴다. 이미 자신의 전세보증금이 부동산 매매가격을 넘어버린 상태이기 때문이다. 이게 2022년과 2023년 이슈가 되고 있는 깡통전세 사태다.

부동산 활황기였던 지난 2021년 일명 '영끌족(영혼까지 끌어모아 대출을 받은 사람들)' 등이 전세를 낀 갭투자를 통해 주택을 대거 매입했지만, 2022년부터 시작된 부동산 매매가격 하락으로 인해 이러한 깡통전세가 대거 발생해 경매시장으로 쏟아지고 있다. 전세계약 만료에도 다른 세입자를 구하지 못하거나 기존 세입자에게 전세금을 돌려주지 못해 경매로 넘어가게 되는 것이다.

임대보증금 반환 소송 등을 통해 이루어지는 강제경매가 증가한 것은 최근 집값 하락에 따른 깡통전세 문제로 집주인이 세입자에게 전세보증금을 돌려주지 못하는 상황이 증가했음을 의미한다. 실제 주택도시보증공사(HUG)에 따르면 2023년 3월 전국에서 발생한 전세 보증 사고는 1,385건으로 역대 최다를 기록했다. 사고금액은 3,199억 원으로 지난 2월보다 2,452억 원보다 747억 원 늘었는데, 2019년 한 해에 발생한 사고 금액인 3,442억 원과 맞먹는 수준이다.

2. 대출금리 인상으로 대출이자 부담 못 버텨

대출금리가 크게 인상되어 대출을 통해 부동산을 구매한 사람이 대출이자 부담을 못 버티고 임의경매로 부동산이 경매시장으로 넘어가고 있다. 2022년부터 이어진 금리 인상으로 2023년 1월 기준 KB국민·신한·하나·우리·NH농협 등 1금융권의 주택담보대출 변동금리는 5.09~8.11% 수준이다. 이렇게 이자 부담이 커진 가운데 경기침체와 거래절벽의 영향으로 주택 처분도 할 수 없게 된 물건들이 임의경매로 나오고 있다.

임의경매란 채무자가 대출금이나 이자를 갚지 못하면 근저당권 또는 전세권 등의 담보권을 가진 채권자가 담보권을 행사해 담보로 받은 물건을 경매로 매각한 다음 매각대금을 회수하는 법적 절차다. 일반적으로 임의경매는 원리금을 3개월 이상 갚지 못하면 집행되는데 강제경매와 다르게 재판 없이 법원에 바로 경매를 신청할 수 있다.

2023년 1~4월 전국에서 신청된 부동산 임의경매개시결정등기는 3만 1,396건으로 집계되어, 2022년 같은 기간 1만 9,786건보다 무려 1만 1,610건(58%)이나 늘었다. 앞으로도 이 증가세는 쉽게 줄어들 것

청약보다 쉬운 아파트 경매 책

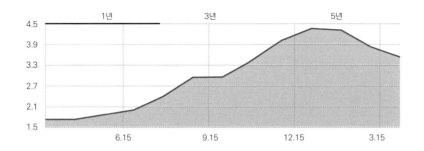

같지 않다는 것이 일반적인 전망이다.

나아가 문제는 앞으로 한동안 대출금리가 인하되지 않을 가능성이 크다는 점이다.

부동산을 영끌해서 산 사람들이 3~6개월 정도는 이자를 부담할 수 있겠지만, 2~3년 이상 동안 매달 수백만 원의 이자를 부담하기는 어려울 것이다. 현금 조달이 되지 않아서 사채를 써서 주택담보대출 이자를 갚는다는 이야기도 들리고 있는 상황에서 경매 매물은 더욱 늘어날 수밖에 없다.

경매가격이 하락하는 이유

1. 부동산 매수심리 위축

부동산 경매시장에서 물건이 늘어나는데도 불구하고 경매 참여자는 오히려 적어지고 경매 낙찰률, 낙찰가율이 하락하는 이유는 부동산 매수심리가 크게 위축되었기 때문이다. 2022년에 이어 2023년에도 유례가 없을 정도로 부동산 거래가 실종된 상태이고, 이는 경매시장에도 마찬가지로 적용된다. 사람들은 지금 부동산을 구매할 시기가 아니라고 판단하고 있다.

또한 경매를 통해 부동산을 구매할 때도 똑같이 대출을 이용해야 한다. 이를 경락잔금대출이라고 하는데, 이 역시 시중의 주택담보대출 금리와 같다. 금리가 크게 인상된 상황에서 높은 대출이자를 감당하면서까지 부동산 경매 낙찰을 받으려는 사람이 줄어들고 있는 것이다.

이러한 상황이 지속되면 경매 수요자는 계속해서 부족해질 수밖에 없고, 이는 유찰률이 높아져 경매가격 하락으로 이어진다. 누군가에게는 기회가 될 수 있다는 것이다.

2. 부동산 경매의 진입장벽

부동산 경매시장에서 물건이 늘어나고 경매 낙찰가율이 하락하면서 저렴하게 부동산을 구매할 기회가 생겼음에도 불구하고 경매 참여자가 늘지 않고 오히려 줄어드는 이유는 부동산 경매 특성상 존재하는 진입장벽 때문이다.

부동산 경매는 채권 관련 지식이 필요하고 경매 절차에 익숙해져야 하는데 이 점이 바로 진입장벽이다. 아무리 경매시장에 기회가 찾아온다고 할지라도 일반 부동산 매매시장처럼 누구나 쉽게 참여할 수 있는 분야가 아니므로 경매 참여자가 쉽게 늘어날 수 없는 구조라는 것이다. 이 말은 매력적인 경매물건을 쳐다만 볼 수밖에 없는 사람이 대다수라고 할 수 있다.

　이러한 이유로 최근 부동산 경매시장은 굉장히 낮은 가격의 매물들이 계속해서 나오고 있으며 이는 당분간은 지속되거나 더 심화할 수밖에 없다. 지금은 누가 보더라도 경매에서 기회를 찾을 수 있는 시기이며, 경매 공부를 통해 진입장벽만 넘어선다면 충분히 저렴한 가격에 부동산을 장만할 수 있다.

경매 초보도 바로 이해하는
권리분석 맛보기

이 책은 부동산 경매 초보자가 내 집 마련을 할 수 있게 도와주는 책이다. 왜 지금 경매시장에서 기회가 오고 있는지부터 경매의 전반적인 절차와 경매 참여 방법, 낙찰 시 내 집에 대한 수익분석과 대출은 어떻게 하는지까지 다양하게 알려줄 예정이다.

이 모든 것을 공부하기에 앞서 경매에서의 가장 기초 지식인 본인의 권리분석 실력을 체크해보도록 하자. 권리분석 때문에 경매가 어렵다고 느껴지는 것이고, 이 문턱효과로 인해서 경매 가격이 일반 부동산의 매매가격보다 낮게 형성된다. 이는 한편으로는 권리분석의 문턱만 넘으면 초급매의 내 집 마련이 한층 쉬워진다는 것이다.

권리분석은 경매를 통해 부동산 소유권을 취득하는 경우 소유권 외에 다른 법적인 권리가 남아서 매수인에게 인수되는지를 확인하는 절차다. 경매 절차를 통해 소유권 외 다른 모든 권리가 말소된다면 그 물건은 입

청약보다 쉬운 아파트 경매 책

‖ 매각물건명세서 예시 ‖

사 건	2021타경 2022타경	부동산강제경매 (중복)	매각 물건번호	1	작성 일자	2023.03.10	담임법관 (사법보좌관)	
부동산 및 감정평가액 최저매각가격의 표시	별지기재와 같음		최선순위 설정		2018.09.19. 근저당권		배당요구종기	2021.07.14

부동산의 점유자와 점유의 권원, 점유할 수 있는 기간, 차임 또는 보증금에 관한 관계인의 진술 및 임차인이 있는 경우 배당요구 여부와 그 일자, 전입신고일자 또는 사업자등록신청일자와 확정일자의 유무와 그 일자

점유자 성 명	점유 부분	정보출처 구 분	점유의 권 원	임대차기간 (점유기간)	보증금	차 임	전입신고 일자, 사업자등록 신청일자	확정일자	배당 요구여부 (배당요구일자)
정란	미상	현황조사	주거 임차인	미상	미상	미상	2016.05.26	미상	

〈비고〉

※ 최선순위 설정일자보다 대항요건을 먼저 갖춘 주택·상가건물 임차인의 임차보증금은 매수인에게 인수되는 경우가 발생 할 수 있고, 대항력과 우선변제권이 있는 주택·상가건물 임차인이 배당요구를 하였으나 보증금 전액에 관하여 배당을 받지 아니한 경우에는 배당받지 못한 잔액이 매수인에게 인수되게 됨을 주의하시기 바랍니다.

등기된 부동산에 관한 권리 또는 가처분으로 매각으로 그 효력이 소멸되지 아니하는 것

매각에 따라 설정된 것으로 보는 지상권의 개요

비고란

감정서에 의하면 본 건 부동산과 등기사항전부증명서에 점유부분으로 기재되어 있는 "29동 주차장 15.68㎡"는 건축물대장에는 공용부분 내 전용주차장으로 기재되어 있으며, 대지권의 목적인 토지 방이동 -1은 1996년 11월 09일 방이동 -1 , 622.3㎡과 방이동 -30 199.2㎡로 분할되었음

찰하기에 안전한 물건이라고 할 수 있다. 즉 우리가 원하는 가장 쉬운 물건이라는 것이다.

매각물건명세서를 통해 아주 간단한 권리분석 접근틀을 확인하고 세부적인 내용을 살펴보도록 하자. 처음 보는 매각물건명세서가 낯설겠지만 따지고 보면 정말 간단하다. 먼저 최선순위 설정일자와 전입신고일자를 비교해 둘 중 빠른 권리가 무엇인지 확인한다.

만약 예시와 같이 전입신고가 빠르다면 배당요구 여부, 확정일자, 보증금, 인수되는 권리 순으로 확인하자. 전입신고가 빠르기 때문에 임차인이 우선순위가 된다. 임차인이 배당요구는 했는지, 확정일자는 받았

는지, 보증금이 얼마인지 등을 확인해야 하고, 배당요구를 했다면 보증금을 다 받는지도 확인해야 한다.

이렇게 하는 이유는 전입신고가 최선순위설정보다 빠르다면 결국 임차권에 대한 것을 내가 인수해야 하기 때문이다. 그러므로 미배당금이 있다면 그것을 내가 인수해야 하고, 배당요구를 하지 않았다면 보증금이 나에게 전액 인수된다. 그러므로 예시와 같이 비고란에 '매수인에게 인수되게 됨을 주의'하라는 문구가 적혀 있는 것이다.

예시와 같이 확정일자와 보증금이 미상인 경우에는 그 정보를 알 수도 없으므로 이러한 정보가 없이 입찰에 뛰어드는 것은 초보에게는 무모한 짓이다.

만약 최선순위설정이 더 앞선다면 '등기된 부동산에 관한 권리 또는 가처분으로 매각으로 그 효력이 소멸되지 아니하는 것'란을 검토하자. 해당란은 말 그대로 인수되는 권리를 말하고 이 권리가 없다면 경매로 모든 권리가 정리되는 쉬운 물건이 된다.

권리분석 사례로 경매 실력을 체크해보자

다음 권리분석 사례들을 보면서 말소기준권리는 무엇인지 맞혀보자. 그리고 다른 법적 권리가 모두 말소되는 안전한 물건인지도 살펴보자. 어려울 수도 있지만, 아래 사례가 해결된다면 당신은 경매에 있어 가장 기초적인 문턱을 넘었으므로 이 책을 군이 읽지 않아도 된다. 반면 조금이라도 궁금한 점이 생겼다면, 함께 이 책을 읽으며 경매로 내 집 마련의 꿈을 펼쳐보자.

다음 권리분석 사례에 대한 정답은 4장에서 확인할 수 있다.

▌ 사례 1 ▌

등기 순위	일자	권리	권리자	등기목적/원인
1	2015. 12. 23.	저당권	A	채권액 200,000,000
2	2016. 03. 02.	임차권	B	보증금 150,000,000
3	2017. 11. 15.	전세권	C	보증금 300,000,000
4	2018. 12. 15.	근저당권	D	채권액 120,000,000
5	2019. 04. 16.	임의경매	D	

▌ 사례 2 ▌

등기 순위	일자	권리	권리자	등기목적/원인
1	2015. 12. 23.	전세권	A	보증금 250,000,000 기간 2년
2	2016. 03. 02.	저당권	B	채권액 150,000,000
3	2017. 11. 15.	저당권	C	채권액 50,000,000
4	2018. 12. 15.	가압류	D	채권액 150,000,000
5	2019. 04. 16.	임의경매	B	

1장 2023년, 부동산 시장에서 기회는 오직 경매뿐이다

‖ 사례 3 ‖

등기 순위	일자	권리	권리자	등기목적/원인
1	2015. 12. 23.	지상권	A	10년(지료 없음)
2	2016. 03. 02.	저당권	B	채권액 200,000,000
3	2017. 11. 15.	지역권	C	10년(지료 없음)
4	2018. 03. 02.	저당권	B	채권액 100,000,000
5	2018. 12. 15.	가압류	D	채권액 150,000,000
6	2019. 04. 16.	임의경매	B	

‖ 사례 4 ‖

등기 순위	일자	권리	권리자	등기목적/원인
1	2015. 12. 23.	저당권	A	채권액 100,000,000
2	2016. 03. 02.	가압류	B	채권액 200,000,000
3	2017. 11. 15.	저당권	C	채권액 100,000,000
4	2018. 03. 02.	전세권	D	보증금 300,000,000
5	2018. 12. 15.	임의경매	C	
6	2019. 04. 16.	매수인	D	

청약보다 쉬운 아파트 경매 책

▌사례 5 ▐

등기 순위	일자	권리	권리자	등기목적/원인
1	2016. 03. 02.	소유권	A	소유권이전등기
2	2016. 12. 02.	소유권이전 가등기	B	부동산 매매예약 원인
3	2017. 11. 15.	저당권	C	채권액 250,000,000
4	2018. 03. 02.	임의경매	C	
5	2018. 12. 15.	경매 낙찰	D	
6	2019. 04. 16.	가등기에 기 한 본등기	B	매매예약의 완료를 원인

▌사례 6 ▐

등기 순위	일자	권리	권리자	등기목적/원인	말소/인수
1	2015. 12. 23.	가처분	A	처분금지 가처분	인수
2	2016. 03. 02.	저당권	B	채권액 250,000,000	말소기준 권리
3	2017. 11. 15.	근저당권	C	채권액 150,000,000	말소
4	2018. 03. 02.	전세권	D	보증금 100,000,000	말소
5	2018. 06. 12.	임의경매	C		

1장 2023년, 부동산 시장에서 기회는 오직 경매뿐이다

경매 실패 사례부터
알고 가자

부동산 경매는 큰돈이 투자되기에 실수하면 큰돈을 잃을 수 있다. 당연히 준비하고 공부한다면 실수를 막을 수 있지만, 경매 초보자들이 흔히 하는 실수가 있다. 이러한 실패 사례를 먼저 살펴보면서 경매를 하나씩 알아가자.

1. 입찰금액 오기

경매로 부동산을 구매할 때는 법정에 가서 직접 내가 원하는 입찰가격과 정해진 입찰보증금액을 기입해 입찰표를 봉투에 넣고 제출해야 한다. 입찰가격과 입찰보증금액은 숫자로 적게 되어 있고, 실수를 방지하기 위해 친절하게 자릿수마다 칸으로 나누어져 있다. 그럼에도 불구하고 실제 경매 참여 시 너무 긴장하거나 억 단위의 큰 숫자를 기입한 경험이 적어 나머지 자릿수를 착각하는 경우가 간간이 발생한다.

▌ 기일입찰표 ▌

[전산양식 A3360] 기일입찰표(흰색)　　　　　용지규격 210mm×297mm(A4용지)

(앞면)

기 일 입 찰 표

지방법원　집행관　귀하			입찰기일 :　　년　　월　　일		
사 건 번 호		타 경　　　　　　호	물 건 번 호	※물건번호가 여러개 있는 경우에는 꼭 기재	

입 찰 자	본인	성　　명			전 화 번 호	
		주민(사업자) 등록번호		법인등록 번　호		
		주　　소				
	대리인	성　　명			본인과의 관　　계	
		주민등록 번　　호		전화번호	―
		주　　소				

입찰 가격	천 억	백 억	십 억	억	천 만	백 만	십 만	만	천	백	십	일	원	보증 금액	백 억	십 억	억	천 만	백 만	십 만	만	천	백	십	일	원

보증의 제공방법	□ 현금·자기앞수표 □ 보증서	보증을 반환 받았습니다. 　　　　　　　　　입찰자

예컨대 입찰금액으로 5억 원을 적어야 하는데 착각해 '0' 하나를 빼고 5천만 원으로 적는 경우가 있다. 이러한 경우 집행관은 응찰자에게 보증금을 돌려주면서 실격 처리하겠다고 선언하고, 패찰이 진행된다. 경매에서는 최저매각금액이 있고, 이 가격보다 높은 가격으로 입찰가를 써야만 유효한데, 5억 원이 아닌 5천만 원을 적었다면 최저매각금액 미만 가격으로 무효가 되기 때문이다.

구분	매각기일	최저매각가격	결과
1차	2021-05-12	1,260,000,000	
	매각 12,600,000,000원 (1000%) / 3명 / 미납		
	2021-07-21	1,260,000,000	변경
2차	2021-08-25	1,260,000,000	
	매각 1,386,990,000원 (110.08%) / 2명 / 매각허가취소결정		
3차	2022-01-12	1,260,000,000	유찰
4차	2022-02-16	1,008,000,000	유찰
5차	2022-03-23	806,400,000	
	매각 807,100,000원 (64.06%) / 입찰 1명 / 최인혜,김신우		
	매각결정기일 : 2022-03-30 - 매각허가결정		
	지급기한 : 2022-05-04		
	납부 : 2022-05-03		

차라리 이렇게 '0' 하나를 빼고 적는 경우는 다행이라고 할 수 있다. 반대로 5천만 원을 적어야 하는데 5억 원을 적는다면 어떻게 될까? 당연히 남들보다 대략 10배나 높은 금액을 입찰가격으로 제출한 셈이 되므로 최고가 매수인으로 선정되어 낙찰받게 된다. 즉 대략 시세 5천만 원인 부동산을 5억 원으로 매수하는 결과가 되어버린다. 정말 최악의 실수가 아닐 수 없다. 예전에는 입찰금액 오기 시 매각허가에 대한 이의로 이

위기를 넘길 수 있었지만 지금은 절대 그렇지 않다. 이 경우 4억 5천만 원의 손해를 볼 수는 없으니, 낙찰계약을 포기하게 된다. 대신 최저매각 금액의 10%인 입찰보증금 500만 원은 돌려받을 수 없게 된다.

이렇게 황당한 실수를 하는 경우가 실제 있을까 하는 생각이 들 수 있지만, 2021년 한 해 기준으로 낙찰가율의 1천% 이상으로 낙찰된 사건은 24건에 달하며, 이 중 대부분이 입찰가 오기입이었다. 실제 2021년 5월에는 서울시 강남구 청담동의 한 아파트가 감정가 12억 6천만 원의 10배 가격인 126억 원에 낙찰된 바 있다. 이 당시 낙찰자는 낙찰계약을 포기했고, 아파트는 재입찰이 이뤄진 뒤 다른 매수인에게 약 8억 700만 원에 낙찰되었다. 아주 사소한 실수이지만, 경매는 직접 스스로 입찰가격과 입찰보증금액을 적어야 하기 때문에 언제든 벌어질 수 있는 일임을 명심하자.

2. 감정가만 믿고 입찰가 작성

요즘은 뜸하지만, 경매 초보자는 간혹 경매법원의 감정가액을 믿고 입찰가를 산정하는 실수를 범하곤 한다. 법원경매 사이트 또는 사설 사이트에서 물건을 검색하면 가장 먼저 나오는 게 감정가 정보다. 법원은 「민사집행법」 제97조에 의해 감정평가업자인 감정인에게 부동산을 평가하게 하고 그 평가액을 참작해 최저매각가격을 정해야 한다. 따라서 감정가는 전문가인 감정평가사에 의한 객관적인 가치평가금액임은 분명하다.

그러나 감정가는 시세와 다르다는 것을 꼭 명심하자. 감정평가 시기와 경매 매각기일 사이에는 시간적 간격이 6개월에서 1년이나 있기 때문이다. 다음 사례를 보자. 감정가를 시세로 오인한 사례다.

A씨는 권리분석을 열심히 공부해 입찰에 참여했다. 마침 원하는 지역의 아파트가 경매물건으로 나왔고, 등기사항증명서상 문제가 없는 안전한 물건임을 확인했다. 임차인이 있었지만 우선변제권이 있고 배당요구를 한 임차인으로서 문제가 없음도 확인했다. 그리고 감정가가 1억 원으로 설정되어 있기에, 안전하게 9천만 원을 입찰가격으로 써서 제출했고, 당당히 낙찰의 기쁨을 얻을 수 있었다.

그런데 낙찰받고 얼마 지나지 않아 주변 공인중개사를 통해 알아보니, 현재 아파트 시세가 8천만 원에 불과하다는 것을 알게 되었다. 알고 보니 감정가 산정된 시기가 1년 전이었고, 경매 절차가 진행되는 동안 해당 아파트 시세가 2천만 원이나 떨어져버린 것이었다.

이렇게 경매에서는 입찰가격 산정이 굉장히 중요하다. 법원의 감정가만 맹신해서는 안 되고, 반드시 다양한 방법으로 시세를 파악해야 한다. 입찰가격 산정은 어찌 보면 어려운 과정이 아니다. 시세만 정확히 알면 시세보다 비싸게 쓰는 실수는 하지 않을 것이기 때문이다. 그 밖에 시세 파악을 위해 경매물건지 인근의 부동산 시세를 예전 실거래가로 살펴보거나 인근 중개사무소를 한 곳만 방문해 시세 파악을 하는 경우 등도 유사한 실패 사례라고 볼 수 있다.

이렇게 다양한 이유로 입찰가를 높게 써버리는 경우가 실제로 대단히 많다. 입찰가를 시세보다 10% 이상 높게 써버리면, 차라리 최저매각금액의 10%인 입찰보증금을 포기하는 것이 나을 수도 있다. 이렇게 경매에 참여했다가 실수로 입찰보증금을 날리는 규모가 매년 평균 800억 원에 이르고 있다. 낙찰자가 잔금을 내지 못해 미리 낸 입찰보증금을 몰수당하는 것이다. 경매 100건 중 무려 6건에서 이 같은 사고가 발생한다. 정확한 시세 파악을 통한 입찰가 산정이 중요하다는 것을 보여주는 사례라고 할 수 있다.

3. 선순위 임차인 분석 간과

임차인 권리분석을 잘못해 경매에서 실패하는 사례도 종종 발생한다. 이는 정말 치명적인 실수이니 꼭 철저히 공부해 실수를 방지해야 한다. 사례를 통해 살펴보자. 임차인 권리분석을 간과한 사례다.

B씨는 열심히 공부해 입찰에 참여했다. 경매물건에 대해 지역분석을 통해 가치 있는 아파트라고 생각을 했고, 등기사항증명서 권리분석을 통해 법적 문제가 없음을 확인했다. 그리고 보증금 1억 원의 임차인 존재와 임차인에게 대항력 및 우선변제권이 있다는 것을 체크했다. 다른 권리자가 없기에 임차인이 보증금 1억 원을 배당받을 것으로 알고, B씨는 경매에 참여했다. 아파트 34평형(112m²)의 감정가는 3억 원이었고, 시세는 2억 8천만 원임을 확인하고, 2억 6천만 원을 입찰가로 제출해 낙찰받는 데 성공했다.

그런데 낙찰을 받고 잔금을 치러 정당한 소유자가 되었는데도 임차인이 나가지 않는 것이었다. 그래서 인도명령과 강제집행 절차를 통해 임차인을 내보내려고 했는데, 임차인은 적법하게 임차할 권리가 있다고 주장하며 퇴거에 불응했다. 알고 보니 대항력과 우선변제권을 가졌던 임차인은 경매 절차에서 배당요구를 하지 않고 그대로 대항력을 행사해 경매 낙찰된 부동산에서 거주하기를 선택한 것이었다.

결국 B씨는 경매 낙찰대금 2억 6천만 원 외에 임차인에게 보증금으로 1억 원을 더 지급해야 하는 결과가 되어버렸다. 시세보다 8천만 원의 손해를 보게 되는 실수였다.

대항력과 우선변제권이 있는 임차인은 경매 절차에서 보증금을 받고 이사를 할지, 아니면 그대로 임차계약종료일까지 그대로 거주할지 선택할 수 있다. 그래서 경매 참여자는 배당요구종기일까지 임차인이 배당요구를 하는지 반드시 확인해야 한다. 권리분석을 제대로 공부한다면 절대 하지 않을 실수라고 볼 수 있다.

이것만은 꼭!
기초 경매용어 정리

앞으로 경매 이야기를 풀어감에 있어 기초적인 용어 정리가 되어 있지 않다면 무슨 말을 해도 이해도가 떨어질 수밖에 없다. 아주 기초적인 경매용어만을 정리했으니 눈으로 한 번 훑고, 앞으로 읽어나갈 본문의 용어 뜻이 생각나지 않으면 해당 페이지를 다시 참고하자. 몇 번 그렇게 참고하다 보면 용어가 자연스럽게 암기되고 이해될 것이다. 기초적인 규칙도 모르면서 급한 마음에 경매에 진입하면 실패할 수 있다는 사례를 꼭 기억하고, 차근차근 스텝을 밟는다고 생각하자.

• 경매

경매는 채무자가 약속한 날짜까지 채무를 이행하지 못했을 때, 채권자가 법원을 통해 채무자가 소유한 부동산을 강제로 매각해 그 매각대금으로 채권을 변제받는 절차다. 채무자로서는 강제로 부동산이 매각되니 가혹하게 느껴질 수 있으나, 채권자 입장에서는 소중한 자기 돈을 돌려받기 위한 효과적인 장치다.

• 채권자와 채무자

채권자는 채무자에게 일정한 행위(급부)를 할 것을 청구할 수 있는 권리를 가진 사람이다. 은행에 집을 담보로 잡히고 빚을 얻어 쓰면 빚을 준 은행이 채권자이고 빚을 얻은 사람이 채무자다. 채무자가 빚을 약속한 기한 내에 빚을 갚지 않으면 채권자는 담보로 잡은 집을 처분해 빌려준 돈을 회수하고 나머지는 채무자에게 돌려준다. 이때 채권자는 경매로 집을 처분한다.

• 강제집행

채권자의 신청에 따라 집행권원에 표시된 사법상의 이행청구권을 국가권력에 의해 강제적으로 실현하는 법적 절차다. 확정판결 등의 집행권원이 있어야 강제집행이 가능하며, 부동산에 있어 강제집행이 바로 경매다.

• 집행법원

강제집행에 관한 권한을 행사하는 법원을 말한다. 강제집행의 실시는 원칙적으로 집행관이 하나, 비교적 곤란한 법률적 판단을 요하는 경우 등은 지방법원 단독판사가 담당하도록 한다.

• 말소기준권리

경매에서 부동산이 낙찰될 경우, 그 부동산에 존재하던 권리가 소멸하는가, 그렇지 않으면 그대로 남아 낙찰자에게 인수되는가를 가늠하는 기준이 되는 권리를 말한다. 말소기준권리가 될 수 있는 권리로는 (근)저당권, 압류, 가압류, 담보가등기, 강제경매개시결정등기 등이 있다.

• 저당권

채무자가 채무를 변제하지 않았을 경우 채권자는 저당권이 설정된 부동산을 경매 처분해 우선변제를 받을 수 있는 권리를 말한다. 부동산을 점유하지 않고 채무를 담보하는 물권이다.

• 압류

확정판결 기타 집행권원에 의해 강제집행을 해서 채권자가 변제받기 위한 보전 수단이다. 부동산이 압류가 된 후 경매 절차로 이행하게 된다. 압류는 말소기준권리 중 하나다.

• 경매기입등기

부동산 경매가 진행될 때 법원이 경매개시결정을 한 경우 해당 부동산은 압류의 효력이 발생하고 제3자에 대해 압류 및 경매 진행 사실을 부동산등기부 갑구에 경매개시결정 되었다는 등기를 기재함으로 공시하게 된다.

• 배당요구

강제집행에 있어서 압류채권자 이외의 채권자가 집행에 참여해 변제받는 방법으로, 우선변제청구권이 있는 채권자, 집행력 있는 정본을 가진 채권자 및 경매개시결정의 기입등기 후 가압류를 한 채권자는 법원에 대해 배당요구를 신청할 수 있다.

• 일괄매각

경매대상이 되는 여러 개의 부동산 위치, 형태, 이용관계 등을 고려해 이를 하나의 집단으로 묶어 매각하는 것이 알맞다고 인정하는 경우 직권이나 이해관계인의 요구에 따라 일괄해 매각하도록 결정할 수 있다.

• 매각기일

매각기일이란 집행법원이 매각부동산에 대한 매각을 실시하는 기일을 말한다. 법원이 부동산을 매각하기 위해서는 우선 매각기일을 지정하고, 이를 공고해야 한다. 매각기일에 입찰자가 없어 유찰되는 경우 다음 회차로 매각기일을 지정하게 된다.

• 유찰

매각기일에 매수하고자 하는 사람이 없어 매각되지 아니하고 무효가된 경우를 가리킨다. 통상 최저매각금액을 20~30% 저감한 가격으로 다음 기일에 다시 매각을 실시하게 된다.

• 재매각

매수인이 대금지급기한까지 대금지급의무를 완전히 이행하지 아니했고, 차순위매수신고인이 없는 경우에 법원이 직권으로 실시하는 경매다.

• 감정평가액

법원은 감정인으로 하여금 부동산을 평가하게 하고 그 평가액을 참작해 경매의 최저매각가격을 결정한다. 감정평가서에는 감정가격을 산출한 근거와 평가요항, 위치도, 지적도, 사진 등이 첨부된다.

• 현황조사보고서

법원은 경매개시결정 후 집행관에게 부동산의 현상, 점유관계, 차임 및 보증금의 수액 등을 조사할 것을 명한다. 집행관이 그 조사내용을 집행법원에 보고하기 위해 작성한 문서다.

• 매각물건명세서

법원은 부동산의 표시, 부동산의 점유자, 점유기간, 차임 또는 보증금, 매각으로 효력을 잃지 않는 권리, 법정지상권 등을 기재한 매각물건명세서를 작성해 매각기일의 1주일 전까지 비치한다.

• 매수보증금

경매 입찰을 하려면 최저매각가격의 1/10에 해당하는 보증금액으로서 입찰표와 함께 집행관에게 제출해야 한다. 최고가매수신고인이나 차순위매수신고인 이외의 매수신청인에게는 즉시 매수보증금을 반환한다.

• 부동산인도명령

매수인은 매수대금 전액을 납부한 후에도 부동산 점유자가 인도하지 아니하는 때는, 대금을 납부한 후 6월 내에 매각부동산을 강제로 매수인에게 인도하게 하는 인도명령을 신청할 수 있다.

청약보다 쉬운 아파트 경매 책

서울시 노원구 상계동 아파트

경매분석 첫 번째 사례로 가장 일반적이고 흔히 볼 수 있는 물건을 살펴보겠다. 경매에서 권리분석이 어렵고 중요하다고 하지만, 실제로는 간단한 물건이 많다. 예컨대 임차인이 없고 집주인이 실거주하는 경우 임차인 권리분석은 할 필요가 없다. 또 많은 경우 집주인은 은행에서 주택담보대출을 받았을 뿐 그 외 채무는 없어 등기사항증명서 권리분석도 간단하게 끝난다.

1. 경매사건 조회

서울시 노원구 상계동의 한 아파트다. 감정가 6억 9천만 원으로 시작했는데, 2회 유찰되어 최저매각금액이 4억 4,160만 원으로 하락했다. 감정가보다 36% 하락한 금액으로, 한 번 분석해보겠다.

2. 입지분석

노원구 상계동 부근의 입지분석을 먼저 해보는 것이 중요하다. 교통, 직장, 학군, 환경, 공급 등의 기준으로 입지분석을 했을 때 괜찮다고 판

▌서울시 노원구 상계동 아파트 조회 ▌

매각기일	결과	최저매각금액	최저가율(%)
2023.02.07	유찰	690,000,000원	100%
2023.03.14	유찰	552,000,000원	80%
2023.04.18	예정	441,600,000원	64%

단된다면 권리분석을 진행한다.

　해당 물건 지역은 7호선 마들역과 가장 가깝고, 7호선과 4호선이 함께 지나는 노원역과 4호선 상계역에서 도보 20분 내 있다. 상계역은 2026년경 동북선이 개통될 예정이다.

　주변에 5개의 초등학교, 2개의 중학교, 2개의 고등학교가 인접해 있다. 노원구는 학원가가 발달한 지역으로서 실거주 수요가 충분히 있을 것으로 여겨진다. 물론 '노도강'으로 불리는 노원구·도봉구·강북구는 대표적인 저평가 지역으로, 금리 인상 시기에는 더욱 투자를 유의해야

청약보다 쉬운 아파트 경매 책

▎ 서울시 노원구 상계동 아파트 입지 ▎

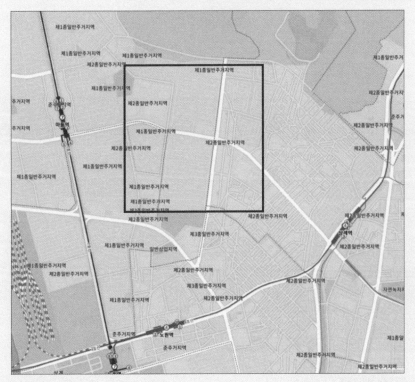

자료: 네이버 지도

하는 곳이다.

상계역과 노원역 부근에 상권이 크게 발달해 있으며, 주변에 공원은 많지 않으나 북쪽으로 수락산, 서쪽으로 중랑천이 있다. 주택 공급량을 보자면 노원구는 물론 인접 자치구인 도봉구·강북구 모두 2025년까지 매우 부족할 것으로 예상된다.

3. 등기사항증명서 권리분석

말소기준권리의 종류로는 저당권, 압류, 경매개시결정기입등기, 담보가등기, 전세권(전세권자가 배당요구 시) 등이 있다. 말소기준권리 전에 권리가 있다면 인수되고, 그 뒤에 있는 권리는 소멸된다.

나○○○○이 설정한 근저당권이 가장 먼저 설정된 것으로서 말소기준권리가 되며, 이하 권리는 모두 소멸된다. 5번에 이○○의 가처분이 설정되어 있으나, 말소기준권리 이후에 설정된 가처분은 소멸되어 매수인에게 인수되지 않는다. 그 후 2022년 2월 18일 나○○○○의 임의경매 신청으로 경매가 진행되었는데, 특별히 문제가 없는 사건이다.

▌ 서울시 노원구 상계동 아파트 등기권리 ▌

등기권리

번호	접수일자	권리종류	권리자	권리금액	비고
1	2000.12.19	소유	이○○		전소유자 매매 (2000.11.20)
2	2021.12.08	근저	나○○○○○○○	448,000,000원	**말소기준권리**
3	2021.12.14	근저	나○○○○○○○	140,000,000원	
4	2022.01.10	근저	김○○	75,000,000원	
5	2022.02.18	가처	이○○		
6	2022.02.18	임의	나○○○○○○○		(2022타경 청구액 102,884,932원
7	2022.02.23	임의	김○○		(2022타경
8	2022.02.25	가압	김○○	297,577,000원	
9	2022.04.20	가압	케○○○○○○(○○○○○)	8,566,802원	
10	2022.04.20	가압	우○○○○○○	25,011,071원	

(열람일 : 2023.01.09)

청약보다 쉬운 아파트 경매 책

4. 임차인 권리분석

해당 물건은 조사된 임차 내역이 없는, 소유주가 실거주하는 물건으로 임차인 권리분석은 필요 없다. 참고로 관리비 체납에 대해서는 비공개인 상황이므로 현지조사를 통해 최대한 정보를 확인하도록 하자.

▎ 서울시 노원구 상계동 아파트 임차관계 ▎

임차관계						
구분	임차인	성립일자	점유부분/기간	보증금/월세		기타
법원임차조사	조사된 임차내역이 없습니다					
주민센터 직접확인	정**	전입 2021.12.15				열람일 2023.01.26
	이**	전입 2022.11.07				열람일 2023.01.26
관리비체납	-비공개, 관리비담당 02-931-					
관할주민센터	- 상계 주민센터 [상계동 , 02-]					

5. 시세분석

마지막으로 입찰가를 쓰기 위한 시세를 파악해야 한다. 감정가는 참고만 하는 것이 좋고, 결국 현재의 시세와 실거래가를 파악해 입찰가를 작성해야 한다. 실거래가는 국토교통부 실거래가 공개시스템, 시세는 KB시세와 한국부동산원의 시세를 참고하자.

거래가는 2022년 12월 5억 원, 2023년 1월 5억 원, 2023년 2월 4억 8천만 원에 거래된 바가 있다. 거래량이 적은 시기인데도 세대수가 많은 아파트여서 실거래가가 꽤 있다. 한국부동산원 시세와 KB시세는 모두 약 5억 1천만 원에 형성되어 있다. 4억 5천만 원에 낙찰받는다면 약 6천

▌서울시 노원구 상계동 아파트 시세▐

매매 실거래가
2023.03. 국토교통부 기준

계약월	매매가
2023.02.	**4억 8,000(2일,6층)**
2023.01.	5억(31일,15층)
2022.12.	5억(3일,6층)

매매 시세
✔ 한국부동산원 | KB부동산 | 부동산뱅크

기준일	하한가	상한가	평균변동액	매매가 대비 전세가
2023.03.20.	**4억8,000**	**5억3,000**	**-**	**41~45%**
2023.03.13.	4억8,000	5억3,000	-	41~45%

매매 시세
한국부동산원 | ✔ KB부동산 | 부동산뱅크

기준일	하위평균가	일반평균가	상위평균가	매매가 대비 전세가
2023.03.24.	**4억8,500**	**5억1,000**	**5억3,000**	**40~48%**
2023.03.17.	4억8,500	5억1,000	5억3,000	40~48%

자료: 네이버 부동산

만 원 정도의 안전마진을 확보할 수 있는 물건이라고 생각된다.

6. 낙찰 결과

해당 경매물건은 2023년 4월 18일 443,125,619원에 낙찰되었다. 11명이 입찰에 참여했고 차순위매수신고금액은 442,222,000원이었다. 앞서 파악한 시세가 약 5억 1천만 원이었으니 시세 대비 약 12% 낮은 금액이며 7천만 원 정도 저렴하게 낙찰받은 사례라고 할 수 있다.

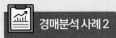
경매분석 사례 2 **집주인 대신 임차인이 거주**

경기도 고양시 일산서구 아파트

이번에 볼 사례는 임차인이 존재하는 경우다. 집주인은 임차인으로부터 보증금을 받고 실제 부동산을 점유하는 자는 임차인이다. 경매는 집주인의 채무불이행으로 인해 진행되는 것이므로 아무 잘못이 없는 임차인 입장에서는 경매가 당황스러울 수 있다. 경매 입찰 참여자로서도 해당 물건에 임차인이 거주하고 있다면 괜히 부담을 느낄 수도 있다.

그러나 핵심은 적법한 권리를 갖춘 임차인은 경매를 통해 보증금 전액을 배당받기에 아무런 문제가 없다는 점이다. 낙찰자도 임차인을 신경 쓰지 않아도 되고, 임차인 역시 보증금을 받을 수 있기에 피해가 전혀 없다. 지금부터 함께 살펴보자.

1. 경매사건 조회

경기 고양시 일산의 아파트다. 감정가 3억 원으로 시작했는데, 2회 유찰되어 2023년 4월 12일에 3회 매각기일이 열렸다. 이때 최저매각금액은 최초 감정가의 49%에 불과한 1억 4,700만 원이다.

청약보다 쉬운 아파트 경매 책

매각기일	결과	최저매각금액	최저가율(%)
2023.02.01	유찰	300,000,000원	100%
2023.03.08	유찰	210,000,000원	70%
2023.04.12	예정	147,000,000원	49%

2. 입지분석

해당 아파트가 소재한 지역의 입지분석을 해보고, 사진을 통해 대략 물건을 파악해보자. 교통, 직장, 학군, 환경, 공급 등의 기준으로 입지분석을 했을 때 괜찮다고 판단된다면 권리분석을 진행한다.

해당 물건은 1기 신도시인 일산 주엽역에서 도보 10분 내 거리다. 특이사항으로 용도지역상 준주거지역에 위치해 일반 주거지역보다 허용되는 용적률이 높은 곳이다. 현재 건물의 용적률이 131%에 불과해 장래 재건축 시 건물을 높게 지을 수 있으므로 개발이익이 있다. 특히 현

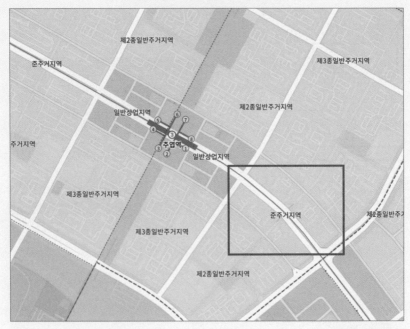

‖ 경기도 고양시 일산서구 아파트 입지 ‖

제2종일반주거지역

준주거지역

제3종일반주거지역

제2종일반주거지역

일반상업지역

주거지역

주엽역

일반상업지역

제3종일반주거지역

준주거지역

제2종일반주거

제3종일반주거지역

제2종일반주거지역

자료: 네이버 지도

정부에서는 「노후계획도시 정비 및 지원에 관한 특별법」을 통해 1기 신도시의 재건축 규제를 완화하고 있으므로 향후 가치가 오를 여지가 있다고 생각된다.

일산의 경우 같은 1기 신도시인 분당에 비해 다소 직장이 부족한 베드타운 이미지가 있으나 일산테크노밸리 등 호재가 있다. 또한 일산은 중학교 학업성취도 평가 수준이 높으며, 경매물건 지역 주변에는 학원가도 형성되어 있다. 주엽공원, 일산호수공원이 가까운 거리에 있어 녹지가 매우 풍부한 곳이며, 일산에서 가장 발달한 상권이 도보 20분 거리에

청약보다 쉬운 아파트 경매 책

있다. 그리고 일산은 2025년까지 주택 공급량이 부족할 것으로 예상되어 주택가격이 상승할 여력이 있다.

3. 등기사항증명서 권리분석

말소기준권리의 종류로는 (근)저당권, (가)압류, 경매개시결정기입등기, 담보가등기, 전세권(전세권자가 배당요구 시) 등이 있다. 말소기준권리 전에 권리가 있다면 인수되고, 그 뒤에 있는 권리는 소멸된다.

등기된 권리상 가장 먼저 설정된 것은 강제경매신청으로서 권리자 이○○씨가 소유자인 신○○씨에게 갖고 있는 채권을 기초로 2022년 7월 29일에 접수되었다. 따라서 이○○씨의 강제경매개시결정등기가 말소기준권리가 된다. 강제경매신청을 비롯해 그 후 설정된 서○○씨의 가압류는 모두 말소되며 낙찰자가 인수할 권리는 없다.

▌ 경기도 고양시 일산서구 아파트 등기권리 ▌

등기권리					
번호	접수일자	권리종류	권리자	권리금액	비고
1	2017.03.03	소유	신○○	181,000,000원	전소유자: (2017.01.09)
2	2022.07.29	강제	이○○		(2022타경 청구액 60,000,000원
3	2022.08.29	가압	서○○○○○(○○○○○○○)	55,000,000원	
4	2022.10.19	압류	북○○○○○○		

(열람일 : 2023.01.16)

1장 2023년, 부동산 시장에서 기회는 오직 경매뿐이다

4. 임차인 권리분석

임차인 권리분석을 해야 한다. 임차인 박○○씨는 2020년 5월 4일 점유 및 전입신고를 하고 2020년 4월 20일 확정일자를 받았다. 이 경우 대항력은 점유 및 전입신고를 한 2020년 5월 4일 성립된다. 또 우선변제권은 전입신고와 확정일자 중 늦은 날인 2020년 5월 4일 발생한다. 앞서 등기사항증명서 상 말소기준권리는 2022월 7월 29일 성립된 것을 확인했고, 대항력과 우선변제권 요건이 2020년 5월 4일 충족되었으므로, 임차인은 대항력과 우선변제권을 유효하게 취득한다.

또한 임차인 박○○씨는 2022년 8월 8일에 배당요구를 했고, 이는 배당요구종기일인 2022년 10월 24일 이전이다. 따라서 임차인은 보증금에 대한 우선변제를 받을 수 있다. 다시 말해 대항력과 우선변제권을 갖춘 임차인이 배당요구까지 한 이상 임차인이 경매 절차에서 보증금 전액을 배당받는다면 낙찰자가 임차보증금을 인수하지 않는다.

다만 만약 임차인이 보증금 일부만 배당받고 잔액이 남는다면, 남은

▌경기도 고양시 일산서구 아파트 임차관계 ▌

임차관계					
구분	임차인	성립일자	점유부분/기간	보증금/월세	기타
법원임차조사	박OO	전입 2020.05.04 확정 2020.04.20 배당 2022.08.08	점유 2020.05.13~2024.05.12	140,000,000 원	
주민센터 직접 확인	박**	전입 2020.05.04			열람일 2023.01.19
관리비체납	-22년11월까지미납없음, 관리비담당 031-				기준일 2023.01.16

말소기준권리일자 : 2022.07.29, 배당요구종기일 : 2022.10.24

보증금을 낙찰자가 인수해야 한다.

5. 시세분석

마지막으로 입찰가를 쓰기 위한 시세를 파악해야 한다. 감정가는 참고만 하는 것이 좋고, 결국 현재의 시세와 실거래가를 파악해 입찰가를

┃ 경기도 고양시 일산서구 아파트 시세 ┃

매매 실거래가	2023.03. 국토교통부 기준
계약월	매매가
2022.09.	2억 2,000(13일,15층)

매매 시세	✔한국부동산원	KB부동산	부동산뱅크		
기준일	하한가	상한가	평균변동액	매매가 대비 전세가
2023.03.20.	2억1,000	2억5,000	-	60~61%
2023.03.13.	2억1,000	2억5,000	-	60~61%

매매 시세	한국부동산원	✔KB부동산	부동산뱅크		
기준일	하위평균가	일반평균가	상위평균가	매매가 대비 전세가
2023.03.24.	2억3,000	2억6,500	2억7,500	61~65%
2023.03.17.	2억3,000	2억6,500	2억7,500	61~65%

자료: 네이버 부동산

1장 2023년, 부동산 시장에서 기회는 오직 경매뿐이다

작성해야 한다. 실거래가는 국토교통부 실거래가 공개시스템, 시세는 KB시세와 한국부동산원의 시세를 참고하자.

　2022년 9월 실거래가 2억 2천만 원에 거래되었다. 최근 거래량이 적기 때문에 실거래가만을 신뢰할 수 없으니 시세를 봐야 한다. 한국부동산원은 시세를 2억 1천만~2억 5천만 원으로, KB시세는 2억 3천만~2억 7,500만 원으로 파악하고 있다. 그렇다면 시세를 보수적으로 잡아도 현재 기준으로 2억 1천만~2억 2천만 원 정도로 예상되며, 최저매각금액인 1억 4,700만~2억 2천만 원 사이에서 낙찰가격이 정해질 것으로 생각된다. 다만 실제 경매사건에서는 체납액이 있는 경우 체납액이 가장 선순위로 배당될 수 있기에 다소 다른 결과가 나올 수 있다.

6. 경매 결과

　해당 물건은 2023년 4월 기각되었다. 이를 무잉여기각에 의한 경매절차 취소라고 한다. 압류채권자가 경매를 통해 배당받으려고 했는데, 선순위 채권자에게 배당하고 나니 압류채권자에게 배당할 돈이 없게 될 수 있다. 이때 압류채권자가 스스로 매수할 것을 신청하고 충분한 보증을 제공하지 않는다면 경매가 기각된다(「민사집행법」 제102조).

　이 사례에서는 2회 유찰되어 최저매각금액으로는 후순위 배당권자인 압류채권자 이○○씨에게 남을 것이 없다고 인정된 것으로 보인다. 최저매각금액이 147,000,000원인데 선순위 임차보증금이 140,000,000원이고 선순위 국세까지 포함하면 압류채권자 이○○씨에게 배당액이 없게 되는 것이다. 결국 압류채권자 이○○ 씨의 매수신청이 없어 경매가 기각된 것으로 판단된다.

이렇게 경매가 기각되면 입찰자나 낙찰자에게 손해는 없지만 불필요한 시간을 낭비하게 될 수 있다. 선순위 임차인이나 선순위 체납 국세가 있다면 무잉여의 가능성을 확인하는 것이 필요하다.

민사집행법 제102조(남을 가망이 없을 경우의 경매취소)
①법원은 최저매각가격으로 압류채권자의 채권에 우선하는 부동산의 모든 부담과 절차비용을 변제하면 남을 것이 없겠다고 인정한 때에는 압류채권자에게 이를 통지하여야 한다.
②압류채권자가 제1항의 통지를 받은 날부터 1주 이내에 제1항의 부담과 비용을 변제하고 남을 만한 가격을 정하여 그 가격에 맞는 매수신고가 없을 때에는 자기가 그 가격으로 매수하겠다고 신청하면서 충분한 보증을 제공하지 아니하면, 법원은 경매절차를 취소하여야 한다.

1장 2023년, 부동산 시장에서 기회는 오직 경매뿐이다

2장

내 집 마련을 위한 경매의 기초

부동산 경매의 장단점

부동산 경매의 장점

1. 시세보다 저렴하다

부동산 경매의 첫 번째 장점은 시장가격보다 저렴하다는 점이다. 부동산 경매는 한 번 유찰될 때마다 최초 감정가액에서 서울의 경우 20%, 경기도(일부 제외)의 경우 30%씩 떨어진다. 그러니 시세보다 저렴하게 구매할 기회가 자주 생기게 된다. 실제로 현재 2회 유찰된 경기권 아파트의 경우 30%씩 두 번 줄어들어 49%의 최저매각가격에서 경매가 시작되며, 해당 가격이 시세보다 1억~2억 원가량 저렴한 물건들도 심심치 않게 마주할 수 있다.

상식적으로 경매에서 시세보다 비싼 가격에 입찰받을 사람은 드물 것이다. 그럴 바에는 공인중개사를 통해 거래하는 것이 훨씬 편하기 때문이다. 또한 경매는 공인중개수수료를 지급하지 않아도 되기에 일반 매매보다 더욱 저렴하게 구매할 수 있다.

2. 법원이 보증하기에 안전하다

흔히들 경매물건은 문제가 있을 거라는 편견이 있다. 그도 그럴 것이, 경매는 누군가가 빚을 갚지 못해서 생활의 터전과도 같은 공간인 주택이 경매로 넘어가는 경우가 적지 않기 때문이다. 이렇게 좋지 않은 상황에서 진행되는 것이 경매이니 불안하고 찜찜할 수 있다.

그러나 부동산 경매물건은 법원이 보증하는 물건이므로 안전하다. 법원이 매각물건명세서 등을 통해 공시한 선순위물권이나 임차권 등 사항 외에 숨겨진 권리나 문제는 없기 때문이다. 만에 하나 법원 공시에 문제가 있다면 최저매각가격의 결정 또는 매각물건명세서의 작성에 중대한 흠이 있는 것으로 보아 매각불허가결정이 나기 때문에 매우 안전하다.

오히려 일반 시중의 급매물 중에서 지나치게 저렴한 매물을 한 번쯤 의심해볼 필요가 있다. 문제가 있는 물건일 수 있기 때문이다. 그러나 경매물건은 법원에 공시된 권리 외에는 문제가 없다고 보아도 무방하다.

3. 자금조달계획서 제출 의무가 없다

「부동산 거래신고 등에 관한 법률 시행 규칙」에 따르면 주택 취득 시 자금조달계획서를 제출해야 하는 경우가 있다. 이를 제대로 제출하지 않으면 과태료 대상이 될 수 있고, 또 자금조달계획서를 통해 부동산 매매자금이 제대로 소명되지 않는다면 증여세 세무조사를 당할 수 있다. 그러나 부동산 경매의 경우 이러한 자금조달계획서를 제출할 필요가 없어 번거로움을 피할 수 있다는 장점이 있다.

참고로 주택 자금조달계획서 제출기준은 개인은 투기과열지역 또는 조정대상지역 내 주택이거나 비규제지역의 6억 원 이상의 주택을 구입할 때이고, 법인은 지역과 금액에 상관없이 모든 주택 구입 시 제출해야 한다.

4. 경락잔금대출은 다른 대출에 비해 잘 이루어진다

경락잔금대출은 대출 규제가 적용되지 않으므로 일반 대출보다 훨씬 많은 대출이 가능한 것으로 오해하는 사람이 많은데, 이는 잘못된 것이다. 즉 경락잔금대출도 지역에 따라 LTV나 DSR 같은 대출 규제가 똑같이 적용된다.

다만 경매는 대출이 편한 경우가 많다. 일반적으로 부동산을 취득할 때는 매도인의 협조가 필수적이나 경매는 매도인의 협조를 구할 필요가 없기에 융자를 받는 것에 불편함이 없다. 또한 경매는 법원에서 감정평가액을 산정하기 때문에 은행에서 감정평가액을 믿고 대출해줄 수 있다. 즉 일반 부동산 매물보다 법원의 감정평가를 받은 물건이므로 은행에서 믿고 대출해주기 쉬운 것이다. 나아가 적정 감정가액인데 2~3회 유찰 이후 낮은 가격으로 낙찰되면, 낙찰가액의 90% 이상을 대출로 납부 가능한 경우도 발생한다.

5. 토지거래허가구역, 투기과열지구에서 이점이 있다

토지거래허가구역으로 지정된 지역에서 부동산을 매매하는 경우 토지거래허가가 필요하다. 해당 구역에서 일반 매매로 주택을 구입할 경우 2년간 거주의무가 있어서 타인에게 임차해 전세금을 받는 갭투자가 불가능하다.

그러나 예외적으로 해당 구역에서 부동산을 경매로 취득할 경우 「민사집행법」상 거래허가가 필요 없다. 즉 경매를 통해 주택을 매수하면 갭투자가 가능하며 거주의무기간이 없으므로 곧바로 다시 주택을 매도할 수 있다.

또한 투기과열지구 재건축 단지의 경우 조합설립인가 이후에 부동산을 취득하더라도 조합원 지위를 승계할 수 없다. 즉 투기과열지구에서는 재건축 투자 목적으로 부동산을 매수할 수 없는 것이다. 그러나 「도시 및 주거환경정비법」에 따르면 금융기관에 대한 채무를 변제하지 못해 주택이 경매되는 경우에는 투기과열지구라 해도 조합원 지위가 승계될 수 있다. 다시 말해 투기과열지구의 재건축 주택을 경매로 낙찰받는 경우 재건축 투자가 가능하다.

부동산 경매의 단점

1. 입찰금을 잃을 수 있다

부동산 경매에 참여하려면 최저매각가격의 10%를 법원에 입찰보증금으로 제출해야 한다. 만일 경매로 나온 부동산을 낙찰받았는데, 뒤늦게 확인해보니 파악하지 못한 중대한 결함이나 문제가 있다면 입찰금을 포기해야 하는 경우가 발생한다.

또한 입찰가를 10억 원이라고 생각해 써서 낙찰받았는데, 알고 보니 시세가 8억 원에 형성되어 있어서 2억 원을 손해 보는 경우가 생길 수 있다. 이 경우 차라리 입찰보증금 약 1억 원을 포기하는 것이 더 나을 수 있으므로 입찰금을 잃는 경우가 생긴다.

아주 간혹 자릿수를 착각해 1억 원으로 입찰가를 쓰려고 했는데 '0' 하나를 더 붙여 10억 원에 낙찰받는 경우도 있다. 이 경우 9억 원을 손해 볼 수 없으니 약 1천만 원의 입찰보증금을 포기할 수밖에 없다.

2. 권리관계가 복잡하고 어려운 물건이 있다

일반 부동산 매매는 공인중개사를 통해 진행하지만, 경매의 경우 공인중개사가 참여하는 것이 아니다 보니 모든 선택의 책임은 본인이 짊어져야 한다. 그렇기에 해당 경매물건의 권리분석을 잘못하면, 낙찰대금 외에도 금액이 더 들어갈 수 있고, 심한 경우 경매로 받은 물건의 소유권을 빼앗겨 버리는 경우도 발생한다.

이렇게 권리분석 공부를 해야 한다는 것은 경매의 단점이기는 하지만, 결국 이 공부가 경매의 진입장벽을 만들어주고, 공부한 사람만이 참여할 수 있는 시장이 되어 준비된 자에게 기회를 만들어줄 수 있다.

부동산 경매에 나온 물건이라고 다 어려운 권리분석이 필요한 것은 절대 아니다. 다만 권리관계가 복잡하고 어려운 물건은 분명히 존재한다. 특히 등기사항전부증명서에 나타나지 않는 권리관계에 더욱 주의해야 한다.

유치권을 예로 들어보자. 공사대금을 받지 못한 건축업체가 해당 부동산을 점유하고 있는 상태에서, 채무 변제를 받지 못하면 부동산 점유 이전을 해줄 수 없다고 할 수 있다. 이런 유치권은 등기사항전부증명서에는 나타나지 않는다.

이러한 특수물건은 경매 초보자라면 아예 관심을 두지 않는 것도 방법이다. 반대로 이러한 특수물건을 잘 분석한다면 훨씬 큰 수익을 얻을 수 있다. 특수물건에 대해서는 뒷장에서 상세히 살펴보도록 하자.

3. 소유자 또는 임차인이 권리가 없음에도 버티는 경우가 있다

전 소유자나 임차인이 권리가 없음에도 버티고 있어 명도가 어렵다고 생각해서 경매에 선뜻 도전하지 못하는 경우도 있다.

또한 실제로 전 재산을 잃어서 부동산이 경매로 넘어간 점유자라면 경매물건 외에 딱히 갈 곳이 없을 수도 있다. 이러한 경우 나가지 않고 집에서 버틴다면 문제가 심각해질 것 같고, 또 어려운 상황에 부닥친 사람을 내 손으로 내보내는 것이 인간적으로 내키지 않을 수 있다. 그러나 양심의 가책을 굳이 느낄 필요는 없다. 경매에 참여하는 사람들이 있어야 그 낙찰가액이 채권자에게 돌아가고, 그렇게 변제되어야 채무자인 소유자가 빚을 갚고 정상적인 생활을 할 수 있는 것이다. 특히 임차인은 경매를 통해 보증금을 배당받을 수 있으므로 경매 절차는 모두에게 꼭 필요한 제도로 인식을 전환할 필요가 있다.

나아가 경매물건은 거의 대부분 인도명령과 강제집행이라는 법적 절차를 통해 해결된다. 이는 뒤에 명도 과정에 대해서 상세히 살펴보겠다.

한눈에 살펴보는 경매 진행 절차

큰돈이 들어가는 부동산 경매를 진행함에 있어 전체적인 진행 절차를 숙지해야 전략적으로 경매에 접근할 수 있다. 부동산 경매의 절차는 다음과 같다.

1. 경매신청 및 경매개시 결정

부동산 경매는 해당 부동산이 있는 곳의 지방법원에 신청한다. 강제경매신청 시 관할 법원에 다음의 서류 등을 제출해야 한다.

① 부동산 강제경매신청서

② 집행권원의 집행력 있는 정본

③ 강제집행 개시의 요건이 구비되었음을 증명하는 서류

④ 부동산등기사항 전부증명서나 이를 대신할 수 있는 서류

청약보다 쉬운 아파트 경매 책

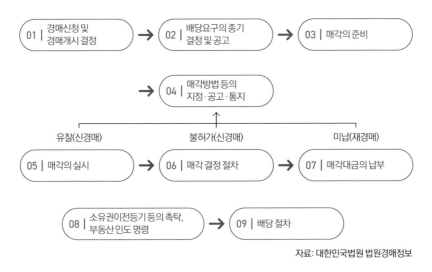

법원은 신청서와 첨부서류를 검토해 강제집행의 요건, 집행개시의 요건 및 강제경매에 특히 필요한 요건 등에 관해 심사해서 신청이 적법하다고 인정되면 강제경매개시 결정을 한다. 신청인이 비용을 미리 내지 않는다면 신청이 각하될 수 있다.

2. 배당요구의 종기 결정 및 공고

매각할 부동산이 압류되면 집행법원은 채권자들이 배당요구를 할 수 있는 기간을 첫 매각기일 이전으로 정한다. 법원은 경매개시 결정에 따른 압류의 효력이 생긴 때부터 1주일 안에 경매개시 결정을 한 취지와 배당요구의 종기를 법원경매정보 홈페이지의 법원경매공고란 또는 법원게시판에 게시하는 방법으로 공고한다.

3. 매각의 준비

법원은 경매 부동산을 현금화하기 위해 집행관에게 부동산의 현상, 점유관계, 차임, 보증금 등 현황을 주제로 조사하도록 명하고, 감정인에게 매각할 부동산을 평가하게 한다. 이렇게 평가된 감정가액을 토대로 최저매각가격이 결정된다. 작성된 매각물건명세서, 현황조사보고서, 감정평가서는 매각기일 또는 입찰 개시일 1주일 전까지 법원에 비치한다.

4. 매각방법 등의 지정·공고·통지

법원은 해당 부동산 물건을 기일입찰의 방법으로 매각할 것인지, 기간입찰의 방법으로 매각할 것인지를 정한다. '기일입찰'이란 입찰자가 매각기일에 입찰표를 집행관에게 제출하고 개찰하는 방식이고, '기간입찰'이란 입찰자가 정해진 입찰기간 내에 입찰표를 제출하고 매각기일에 개찰하는 방식이다.

법원은 매각기일과 매각결정기일을 정해서 이해관계인에게 통지하고 법원게시판 등에 공고한다. 최초의 매각기일은 공고일부터 14일 이상의 간격을 두고 지정되며, 매각결정기일부터 7일 뒤로 지정된다. 다만 최저매각가격으로 압류채권자의 채권에 우선하는 부동산의 모든 부담과 절차 비용을 변제하면 남을 것이 없겠다고 인정하는 경우 경매를 취소할 수 있다.

5. 매각 실시

기일입찰은 집행관이 미리 지정된 매각기일에 매각장소에서 입찰해 최고가매수신고인과 차순위매수신고인을 정한다. 기간입찰은 집행관이 입찰기간 동안 입찰봉투를 접수해 보관하다가 매각기일에 입찰봉투를 개봉해 최고가매수신고인과 차순위매수신고인을 정한다. 기일입찰과 달리 매각기일에는 입찰하지 않는다.

입찰이 마감되면 집행관은 입찰자 참여하에 입찰표를 개봉하고, 최고가매수신고인의 성명과 그 가격을 불러서 결정한다. 최고가매수신고인의 입찰가에서 매수신청보증금액을 뺀 나머지 금액을 넘는 가격으로 입찰에 참여한 사람은 차순위매수신고를 할 수 있다. 차순위매수신고는 최고가매수신고인이 대금 지급 의무를 이행하지 아니할 때는 자기의 입찰에 대해 매각을 허가해달라는 신고를 말한다. 최고가매수신고인과 차순위매수신고인이 결정되면 이들을 제외한 다른 입찰자는 매수신청보증금을 반환받을 수 있다.

6. 매각결정 절차

법원은 지정된 매각결정기일에 이해관계인의 의견을 들은 후 매각허가 여부를 결정한다. 매각허가 여부의 결정에 불복하는 이해관계인은 즉시항고를 할 수 있다. 즉시항고를 하려는 항고인은 매각허가 여부의 결정을 선고한 날부터 1주일 안에 항고장을 원심법원에 제출해야 한다.

항고장에 항고이유를 적지 아니할 때는 항고인은 항고장을 제출한 날부터 10일 이내에 항고이유서를 원심법원에 제출해야 한다. 매각허가 결정에 대해 항고를 하고자 하는 사람은 보증으로 매각대금의 10%에 해당하는 금전 또는 법원이 인정한 유가증권을 공탁해야 한다. 보증의 제공이 없으면 원심법원은 항고장을 접수한 날부터 7일 이내에 결정으로 즉시항고를 각하한 다음 경매 절차를 계속 진행한다.

7. 매각대금의 납부

법원의 매각허가 결정이 확정되면 매각대금의 지급기한을 정해 매수인에게 매각대금의 납부를 명하고, 매수인은 지정된 지급기한 내에 매각대금을 납부해야 한다. 매수인이 기한 내에 매각대금을 지급하지 못하면 법원은 차순위매수신고인에 대한 매각허가 결정을 하거나 차순위매수신고인이 없는 때는 재매각 결정을 하게 된다.

8. 소유권이전등기 등의 촉탁 및 부동산 인도명령

매수인이 매각대금을 모두 지급하면 매각물건의 소유권을 취득하고 소유권이전등기가 이뤄진다. 또한 매수인이 인수하지 않는 권리 및 경매개시 결정등기를 말소하는 등기가 이루어진다.

매수인이 소유권을 취득했음에도, 채무자 또는 임차인 등이 부동산을 인도하지 않으면 매수인은 부동산 인도명령을 신청할 수 있다. 부동산 인도명령의 신청은 매각대금을 낸 뒤 6개월 이내에만 할 수 있으므로 이를 절대 놓치지 않도록 하자.

9. 배당 절차

낙찰자가 매각대금을 지급하면 법원은 배당기일을 정하고 배당 절차를 진행한다. 배당기일을 정해서 이해관계인과 배당을 요구하는 채권자에게 이를 통지하고, 매각대금, 채권의 원금, 이자, 비용, 배당의 순위와 배당의 비율이 기재된 배당표 원안을 작성 및 비치한다. 배당기일에는 배당표를 확정한 후 그에 따라 배당을 시행한다.

알아보자! 임의경매와 강제경매

경매를 실시하는 데 집행권원이 필요한지에 따라 경매는 임의경매와 강제경매로 나눌 수 있다.

임의경매란 저당권, 질권, 유치권, 전세권, 담보가등기 등 담보물권을 가지고 있는 권리자가 신청해서 실행되는 경매를 말한다. 즉 임의경매는 물권을 가지고 있는 사람에 의해서 신청되기 때문에 특별히 집행권원이 필요하지 않다. 이 경우에는 소송으로 승소판결 없이도 바로 경매를 할 수 있다. 전형적인 사례로 은행으로부터 돈을 빌리고 저당권을 설정해줬는데 돈을 갚지 못한 경우, 은행이 아파트를 임의경매로 넘길 수 있다.

반면 강제경매는 채권자가 자신의 채권을 증명하는 집행권원이 있어야 한다. 이 집행권원을 근거로 해서 신청하는 경매를 의미한다. 일반적으로 승소판결문을 받아서 하는 경매를 말한다고 보면 된다. 대표적인 집행권원으로 확정판결이 있으며, 그 외에도 화해조서, 이행권고결정문, 지급명령결정문, 약속어음 공정증서 등이 있다.

임의경매에서는 경매 절차가 완료되어 매수인이 소유권을 취득했더라도 경매개시 결정 전부터 저당권 등의 담보권이 존재하지 않거나 무효였다면 매수인의 소유권 취득이 무효가 되지만, 강제경매에서는 집행권원에 표시된 권리가 처음부터 존재하지 않거나 무효였더라도 매수인의 소유권 취득은 유효하다.

청약보다 쉬운 아파트 경매 책

한눈에 살펴보는 공매 진행 절차

공매 알아보기

공매는 부동산 소유자가 국세 또는 지방세 등을 납부하지 않으면, 국가는 체납자의 부동산을 압류하고 한국자산관리공사(캠코)에 넘겨 입찰을 진행, 부동산을 매각하는 과정을 수행한다. 경매는 법원에서 직접 현장 입찰을 하게 되지만, 공매의 경우 공매포털 온비드(www.onbid.co.kr)를 통한 인터넷 입찰을 한다.

공매는 분할납부가 가능하다는 장점이 있지만, 경매에 비해 물건이 많지 않다. 특히 경매와는 달리 인도명령 제도가 없다는 점이 공매의 리스크다. 만약 임차인이 주택을 비워주지 않는다면 경매는 간편히 인도명령을 통해 신속히 명도를 진행할 수 있지만, 공매는 6개월~1년이 걸릴 수 있는 정식 명도소송을 진행해야 한다. 등기부등본상에 공공기관의 압류가 되어 있는 경우에는 민감하게 반응하도록 하자. 이는 경매와 공매가 동시에 진행될 수 있기 때문이다. 이렇게 경매와 공매가 동시에 진행되었을 때는 잔금을 빨리 지급한 낙찰자가 소유권을 가져가게 된다.

그러므로 이를 활용해 경매에서 낙찰가액을 과도하게 써서 본인 자금이 아깝다고 생각된다면 공매를 통해 저가로 다시 접근하거나 공매 낙찰자가 먼저 잔금을 치르게 해서 소유권 포기 및 자금을 절약하는 전략도 생각해볼 수 있다.

간단하게 공매 절차는 다음과 같다.

공매 진행 절차

1. 압류관서의 한국자산관리공사에 대한 공매대행의뢰

2. 한국자산관리공사의 체납자, 납세담보물 소유자에 대한 공매대행의 통지

3. 공매대상재산에 대한 현황조사 및 공매재산명세서 작성·비치

4. 공매기일의 지정

5. 배분요구종기의 지정

6. 매각결정기일의 지정

7. 공매공고

8. 입찰 및 공매보증금의 납부

9. 매각결정 및 매수대금의 납부

10. 권리이전절차, 단 유찰 혹은 매수대금 미납 시 재공매

11. 배분절차

청약보다 쉬운 아파트 경매 책

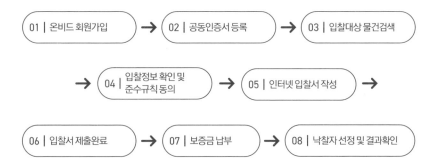

‖ 공매 참여 방법 ‖

01 | 온비드 회원가입 → 02 | 공동인증서 등록 → 03 | 입찰대상 물건검색

→ 04 | 입찰정보 확인 및 준수규칙 동의 → 05 | 인터넷 입찰서 작성 →

06 | 입찰서 제출완료 → 07 | 보증금 납부 → 08 | 낙찰자 선정 및 결과확인

1. 온비드 회원가입 및 입찰대상 물건 검색

온비드 사이트 회원가입 후 '통합검색', '지도검색', '상세조건검색' 등의 검색 기능을 통해 인터넷 입찰이 가능한 물건을 검색한다. 아파트 등 물건을 조회할 경우 부동산 탭에서, 동산을 검색할 경우 동산/기타자산 탭에서 검색할 수 있다. 통상 인터넷 입찰은 기간입찰(특정 날짜가 아닌 일정 기간 동안 입찰하는 방식)로 진행된다.

2. 입찰 참여

입찰 희망 물건의 입찰 버튼을 클릭 후, 공매 공고문에 명시되어 있는 유의사항 및 준수사항을 숙지한다. 인터넷 입찰서 작성 화면에서 입찰 방법, 입찰금액, 보증금 납부방식, 보증금계좌 은행 선택, 유찰 시 보증금 환불 계좌정보를 입력한다. 입찰서 최종 제출에 동의하고 중요 체크리스트 확인 후 동의한다. 공동인증서나 네이버인증서 등을 통한 전자

온비드 물건검색

서명 시 입찰서 제출이 완료된다. 입찰보증금 납부계좌 등을 확인하고 입찰마감일까지 해당 보증금을 납부해야 유효한 입찰이 성립된다.

3. 입찰 결과 확인

입찰 결과 확인은 [나의 온비드] – [나의 입찰내역] – [입찰중/개찰완료]에서 확인할 수 있다.

4. 전자계약

입찰 결과 낙찰자가 되면 전자계약을 진행한다. 공고기관의 계약담당

청약보다 쉬운 아파트 경매 책

자가 계약서를 작성해 낙찰자에게 전송하면, 낙찰자는 계약서를 확인 및 승인하게 되며 전자계약이 체결된다.

온비드를 통한 공매 참여 방법은 '온비드 웹이용 매뉴얼'을 참조하면 어렵지 않게 참여할 수 있다.

대법원경매 사이트 및
경매 사설 사이트 활용법

부동산 경매사건에 관한 정보를 제공하는 공식적이고 유일한 주체는 법원이다. 요즘에는 법원경매정보 사이트 외에도 사설 사이트가 매우 많지만, 공식 정보는 법원이기 때문에 대법원경매 사이트를 통해 확인하는 것이 가장 확실하다.

  대한민국법원 법원경매정보 사이트에서 제공되는 여러 가지 문건을 통해 대부분의 경매정보를 확인할 수 있다. 그러나 법원에서 제공하는 자료는 흩어져 있어서 처음에는 한눈에 확인하기 어려울 수 있다. 우선 경매를 시작할 때는 법원 사이트를 통해 다양한 정보와 자료의 위치 및 내용을 공부하고, 추후 익숙해지면 사설 경매 사이트를 활용해보는 것도 좋은 방법이다.

▌ 대한민국법원 법원경매정보 물건상세검색 ▌

물건상세검색

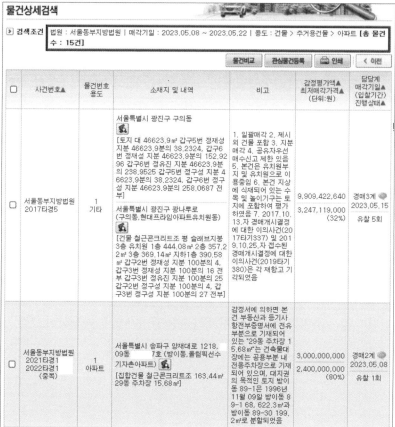

물건상세검색

▶ **검색조건** | 법원 : 서울동부지방법원 | 매각기일 : 2023.05.08 ~ 2023.05.22 | 용도 : 건물 > 주거용건물 > 아파트 **[총 물건 수 : 15건]**

	사건번호▲	물건번호 용도	소재지 및 내역	비고	감정평가액▲ 최저매각가격▲ (단위:원)	담당계 매각기일▲ (입찰기간) 진행상태▲
☐	서울동부지방법원 2017타경5	1 기타	서울특별시 광진구 구의동 📷 [토지 대 46623.9㎡ 갑구5번 정재성 지분 46623.9분의 38.2324, 갑구6번 정재성 지분 46623.9분의 152.9296 갑구6번 정유진 지분 46623.9분의 238.9525 갑구번 정구성 지분 46623.9분의 38.2324, 갑구6번 정구성 지분 46623.9분의 258.0687 전부] 서울특별시 광진구 광나루로 (구의동,현대프라임아파트유치원동) 📷 [건물 철근콘크리트조 평 슬래브지붕 3층 유치원 1층 444.08㎡ 2층 357.22㎡ 3층 369.14㎡ 지하1층 390.58㎡ 갑구2번 정재성 지분 100분의 4, 갑구3번 정재성 지분 100분의 16 전부 갑구3번 정유진 지분 100분의 25 갑구2번 정구성 지분 100분의 4, 갑구3번 정구성 지분 100분의 27 전부]	1. 일괄매각 2. 제시외 건물 포함 3. 지분매각 4. 공유자우선매수신고 제한 있음 5. 본건은 유치원부지 및 유치원으로 이용중임 6. 본건 지상에 식재되어 있는 수목 및 놀이기구는 토지에 포함하여 평가하였음 7. 2017.10. 13.자 경매개시결정에 대한 이의사건(2017타기337) 및 2019.10.25.자 접수된 경매개시결정에 대한 이의사건(2019타기380)은 각 각하 및 기각되었음	9,909,422,640 3,247,119,000 (32%)	경매3계 🔴 2023.05.15 유찰 5회
☐	서울동부지방법원 2021타경1 2022타경1 (중복)	1 아파트	서울특별시 송파구 양재대로 1218, 09동 ▮7호 (방이동,올림픽선수기자촌아파트) 📷 [집합건물 철근콘크리트조 163.44㎡ 29동 주차장 15.68㎡]	감정서에 의하면 본건 부동산과 등기사항전부증명서에 전유부분으로 기재되어 있는 "29동 주차장 15.68㎡"는 건축물대장에는 공용부분 내 전용주차장으로 기재되어 있으며, 대지권의 목적인 토지 방이동 89-1은 1996년 11월 09일 방이동 89-1 68, 622.3㎡과 방이동 89-30 199, 2㎡로 분할되었음	3,000,000,000 2,400,000,000 (80%)	경매2계 🔴 2023.05.08 유찰 1회

부동산 경매물건 검색하기

대법원 경매 홈페이지(courtauction.go.kr) 상단에 '경매물건'에 들어가면 관할 법원별 또는 지역별로 경매사건 검색이 가능하다. 원하는 지역을 선택하고 경매물건의 용도를 선택해 조회하면 원하는 성격의 부동산 정보만 찾아낼 수 있다.

대법원 경매사건 필수 확인사항

1. 물건 기본 정보

[경매물건] - [물건상세검색] - [물건기본정보]에서는 부동산 경매물건의 사진 및 매각물건명세서, 현황조사서, 감정평가서 등을 확인할 수 있다. 경매사건 부동산에 대한 구체적인 사항이 물건 기본 정보에 기재되어 있다. 물건의 종류는 아파트, 상가, 근린생활시설 등으로 되어 있으며, 감정평가액과 최저매각가격이 기재되어 있다.

비고란은 경매물건의 각종 특이사항을 나타내는 곳이다. 예컨대 '특별매각조건 매수보증금 20%'가 기재되어 있다면 일전에 타인이 낙찰받았지만 잔금을 치르지 못해서 재경매된다는 의미다. 경매 문서상으로 확인되지 않는 특별한 사정이 있거나 특수한 권리가 있을 가능성이 크다.

청약보다 쉬운 아파트 경매 책

2. 배당요구종기일

배당요구란 다른 채권자에 의해 개시된 집행 절차에 참여해 동일한 재산의 매각대금에서 변제받기 위해 하는 채권자의 신청을 말한다. 등기된 가압류 채권자, 저당권자, 전세권자 등은 당연히 배당받을 수 있지만, 임차인은 등기가 되지 않기에 배당요구가 필요하다. 이 배당요구를 할 수 있는 기한을 배당요구종기일이라고 부르는데, 이 기간이 도과하면 임차인은 경매에서 배당받을 수 없게 된다.

경매 부동산에 임차인이 존재한다면 배당요구를 했는지 여부를 반드시 확인해야 한다. 만약 대항력이 있는 임차인임에도 불구하고 배당요구를 하지 않았을 경우, 낙찰자가 임차인의 보증금을 인수하게 되는 위험이 발생한다. 따라서 배당요구 여부를 꼭 확인하자.

3. 기일내역

기일내역을 통해 부동산 경매가 이루어지는 입찰법정과 입찰시간을 확인할 수 있다. 입찰시간은 일반적으로 오전 10시에 시작해 대략 11시 10분까지 진행하는데, 이 시간 안에 입찰표를 제출해야 한다. 법원마다 차이가 있을 수 있으므로 지방법원의 경우 별도로 입찰시간을 체크할 필요가 있다. 물건이 낙찰될 경우 매각허가결정은 1주일, 잔금지급일은 2주일, 배당기일은 잔금지급 후 1~2달 뒤에 진행된다. 기일내역을 통해 모든 진행 과정을 알아볼 수 있다.

▌ 대한민국 법원 법원경매정보 물건기본정보 ▌

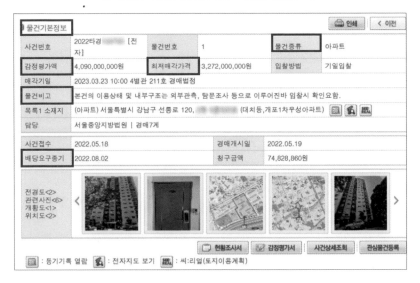

▌ 대한민국 법원 법원경매정보 기일내역 ▌

기일	기일종류	기일장소	최저매각가격	기일결과
2023.02.16 (10:00)	매각기일	4별관 211호 경매법정	4,090,000,000원	유찰
2023.03.23 (10:00)	매각기일	4별관 211호 경매법정	3,272,000,000원	
2023.03.30 (14:00)	매각결정기일	4별관 7호 법정(3층)		

경매 사설 사이트 활용법

경매정보 취득은 법원경매정보 사이트가 모든 공식 정보의 발행 주체이므로 법원경매정보 사이트를 숙지한 뒤 경매 사설 사이트를 이용하는 것이 좋다. 법원경매정보 사이트의 정보는 흩어져 있고 친절하게 설명해주지 않기 때문에 경매 사설 사이트를 이용하면 훨씬 편하게 경매정보를 취득할 수 있다.

경매 사설 사이트에는 탱크옥션, 굿옥션, 지지옥션 등 다양하게 있다. 이런 사설 사이트 정보는 법원경매정보 사이트의 정보를 토대로 경매 전문가의 권리분석 내용과 부동산 시세, 현황사진 등의 정보를 담아두고 있다. 나아가 경매 사이트의 전문적인 조사 내역과 주변 낙찰 사례 분석을 통해 시세파악과 낙찰율도 예상해주기도 하므로 초보자에게는 큰 도움이 될 수 있다. 참고로 탱크옥션은 모든 유료 가입회원에게 경매 초급반 총 12강 동영상강의를 무료로 제공해 경매 초보자에게 물권과 채권 및 경매 절차 등을 이해하는 데 큰 도움을 준다.

경매사건
핵심 서류 보는 법

매각물건명세서

매각물건명세서란 법원이 경매 입찰자에게 매각물건의 정보에 대해 어떤 권리관계와 문제점 등이 있는지 상세하게 써놓은 문서다. 해당 부동산의 권리상의 하자나 낙찰 후 추가로 인수되는 사항 등을 확인할 수 있도록 해서 낙찰자가 되었을 시 손해를 예방하기 위한 서류다.

만약 매각물건명세서에 명시되지 않은 사항으로 인해 중대한 하자가 발생했다면 매각불허가를 신청할 수 있다. 매각물건명세서에는 부동산의 공부상 표시와 현황이 다른 부분, 매각 후 소멸되지 않는 부동산 권리 또는 가처분, 유치권 등을 표시해야만 한다.

법원은 매각물건명세서를 입찰일(매각기일) 7일 전에 법원에 비치해 누구나 열람할 수 있도록 해야 한다. 이때 현황조사서와 감정평가서의

청약보다 쉬운 아파트 경매 책

∥ 매각물건명세서 ∥

서 울 중 앙 지 방 법 원

2020타 ▮▮▮▮

매각물건명세서

사 건	2020타 ▮▮▮▮ 부동산임의경매 2022타 ▮▮▮▮ 2022타경 ▮▮▮▮(중복)	매각 물건번호	2	작성 일자	2023.02.28	담임법관 (사법보좌관)	▮▮▮
부동산 및 감정평가액 최저매각가격의 표시	별지기재와 같음	최선순위 설정	2014.09.25.근저당권			배당요구종기	2020.06.29

부동산의 점유자와 점유의 권원, 점유할 수 있는 기간, 차임 또는 보증금에 관한 관계인의 진술 및 임차인이 있는 경우 배당요구 여부와 그 일자, 전입신고일자 또는 사업자등록신청일자와 확정일자의 유무와 그 일자

점유자 성 명	점유 부분	정보출처 구 분	점유의 권 원	임대차기간 (점유기간)	보증금	차 임	전입신고 일자, 사업자등록 신청일자	확정일자	배당 요구여부 (배당요구일자)
▮▮▮	▮▮▮	현황조사	주거 임차인		50,000,000	300,000			
▮▮▮	▮▮▮	권리신고	주거 임차인	2012.04.05~	50,000,000	300,000	2012.04.05	2020.03.20.	2020.06.24

〈비고〉

▮▮▮ ▮▮▮▮'외국국적동포'로서 '재외동포의 출입국과 법적 지위에 관한 법률' 제6조에 따라 국내거소신고를 하였으므로(같은 법 9조, 10조 4항), 주택임대차보호법에 규정된 주민등록과 전입신고 요건이 충족됨.

※ 최선순위 설정일자보다 대항요건을 먼저 갖춘 주택·상가건물 임차인의 임차보증금은 매수인에게 인수되는 경우가 발생 할 수 있고, 대항력과 우선변제권이 있는 주택·상가건물 임차인이 배당요구를 하였으나 보증금 전액에 관하여 배당을 받지 아니한 경우에는 배당받지 못한 잔액이 매수인에게 인수되게 됨을 주의하시기 바랍니다.

등기된 부동산에 관한 권리 또는 가처분으로 매각으로 그 효력이 소멸되지 아니하는 것	
해당사항없음	
매각에 따라 설정된 것으로 보는 지상권의 개요	
해당사항없음	
비고란	

주1 : 매각목적물에서 제외되는 미등기건물 등이 있을 경우에는 그 취지를 명확히 기재한다.
 2 : 매각으로 소멸되는 가등기담보권, 가압류, 전세권의 등기일자가 최선순위 저당권등기일자보다 빠른 경우에는 그 등기일자를 기재한다.

사본도 함께 둔다. 즉 이때부터 대법원 법원경매정보 사이트나 사설 경매정보 사이트에서도 매각물건명세서를 포함한 각종 서류를 볼 수 있게 되는 것이다.

1. 부동산 및 감정평가액 표시

부동산의 주소와 구조, 면적, 감정평가액, 최저매각가격 등이 나온다. 이 내용은 감정평가서와 현황조사서에서도 확인할 수 있다. '부동산 표시 목록'은 현황조사서에서 확인할 수 있다.

2. 점유자 관련사항

경매 부동산에 점유자가 있다면 반드시 점유자가 임차인으로서 대항력이 있는지를 확인해야 한다. 소유자가 아닌 임차인이 별도로 있는 것인지, 있다면 전입신고와 확정일자는 받았는지, 전입신고 날짜가 다른 물권보다 앞서서 대항력이 있는지, 보증금은 얼마인지 등을 체크하는 곳이다.

또한 예외적으로 점유자가 유치권을 행사하는 경우도 있다. 적법한 유치권의 경우 그 설정 시기와 관계없이 낙찰자가 인수해야 하므로 더욱 조심해야 한다. 경매 초보자라면 유치권은 무조건 패스하자.

3. 매각으로 그 효력이 소멸되지 아니하는 것

부동산 경매가 끝난 후에도 말소되지 않고 그대로 남아 낙찰자가 부담하게 되는 권리가 있는지 판단해주는 칸이다. 부동산 경매에서는 낙찰자에게 인수되는 권리가 있고 말소되는 권리가 있다. 경매물건에 설정된 대부분의 권리는 매각 후 사라지지만, 경우에 따라서는 낙찰자에게 인수되는 권리가 있다. 이 경우 낙찰자는 추가로 경제적 부담을 지게

청약보다 쉬운 아파트 경매 책

된다. 경매의 큰 실패 사례 중 하나가 이 낙찰자에게 인수되는 권리를 잘못 판단한 경우라고 할 수 있다.

4. 매각에 따라 설정된 것으로 보는 지상권의 개요

토지 매각 경매에서 그 토지 위에 매각에서 제외되는 건물이 있는 경우 "법정지상권 성립 여지 있음"이라는 문구를 기재해 경고한다. 지상권은 토지를 사용할 수 있는 권리로, 주로 타인의 토지에 존재하는 건물을 소유하기 위한 권리다. 특히 등기부상에는 기재되지 않지만 경매 낙찰로 인해 성립하는 지상권을 법정지상권이라고 한다.

법정지상권이 성립하는 토지를 낙찰받은 경우 건물소유자로부터 토지사용료를 받을 수 있으나, 지상권의 존속기간 동안 토지의 자유로운 재산권 행사에 막대한 지장이 있게 되니 매우 주의해야 한다.

집행관 현황조사서

경매사건이 접수되고 법원의 경매개시 결정이 있으면, 집행관이 경매 부동산으로 가서 현재 상태, 점유관계, 차임 또는 보증금의 액수, 그 밖의 현황을 조사한다. 이를 문서로 작성한 것이 집행관 현황조사서다. 현황조사서는 입찰일 14일 전에 공개된다.

1. 기본 정보

경매 사건번호가 먼저 보인다. 사건번호는 경매사건 하나하나의 고유한 번호다. 또한 집행관이 현황조사를 실시한 조사일시 및 집행관의 현황조사 횟수 전부를 기재한다. 나아가 현황조사 결과, 부동산에 있는 임대차 정보를 기록한다.

‖ 현황조사서 ‖

청약보다 쉬운 아파트 경매 책

2. 부동산의 점유관계

현황조사서에는 권리분석에 꼭 필요한 임차인과 점유자에 관한 내용이 들어 있다. 경매 부동산에 임차인이 있다면 경매 후 임차인이 배당을 받고 문제없이 사라지는 경우도 있으나, 낙찰자가 임대차를 인수해서 계약을 이어가거나 보증금을 돌려주어야 하는 경우도 있다. 특수한 경우이지만 현재의 점유자가 유치권을 주장할 수도 있으니 주의해야 한다.

만약 현황조사서에 "임차 관계 미상"이나 "폐문부재로 점유자 조사 불가" 등의 문구가 있다면 반드시 입찰자가 현장임장 등을 통해 스스로 더 알아보아야 한다. 집행관은 개인적인 의견이나 판단을 현황조사 결과에 적시할 수 없다. 점유자가 거짓말을 한다는 의심이 들어도 그런 짐작을 쓸 수 없고, 점유자한테서 들은 내용을 그대로 기록한다. 그래서 선순위 임차인이 누락되거나 전입신고일이 잘못 기록된 경우도 있다. 그러므로 현황조사서도 참고자료로만 활용하는 것이 좋다.

감정평가서

법원은 경매개시 결정을 내린 뒤 경매물건에 대해 감정평가를 의뢰한다. 해당 부동산의 가치를 정확히 알아야 적정가격에 매각해 채권자들의 만족을 구할 수 있기 때문이다.

감정평가법인이 객관적인 자료를 바탕으로 감정가를 정하면, 법원은

∥ 감정평가서 ∥

청약보다 쉬운 아파트 경매 책

이를 감안해 최저매각가격을 결정한다. 일반적으로 1회차 매각기일의 최저매각가격은 감정가와 같다. 감정평가서는 매각기일 14일 전에 공개된다.

감정평가서는 ①감정평가표, ②산출근거 및 평가 의견, ③감정평가 명세표, ④감정평가 요항표, ⑤위치도, ⑥지적도, ⑦내부구조도, ⑧물건사진 등으로 구성되어 있다. 감정평가인은 다양한 평가자료를 통해 조사서를 작성한다. 주변 부동산 시세뿐만 아니라 임차권 여부, 임차권의 대항력 여부, 법정지상권 유무, 유치권 존부 등을 확인한다. 다만 일반 경매 참여자로서는 감정평가서는 부동산 시세를 파악하기 위한 용도로 보는 게 좋다.

추가로 감정평가서에는 감정인이 부동산 내부를 들어가 확인한 정보가 있는 경우도 있다. 임장 전 해당사항이 있다면 아주 큰 도움이 될 수 있다.

1. 감정평가서 확인 팁

감정평가서에는 해당 경매물건에 관련된 다양한 정보를 담고 있다. 실제 경매물건에 대한 현장조사를 하기 전에 확인하면 매우 유용하다. 감정평가 요항표에는 주위환경, 교통상황, 이용상태, 설비내역, 인접 도로상태, 공부와의 차이 등이 일목요연하게 정리되어 있다. 이는 해당 부동산의 시장가치를 가늠해볼 수 있는 판단 기준이 될 수 있기에 확인하면 좋다.

2장 내 집 마련을 위한 경매의 기초

그리고 감정평가서에는 부동산의 위치도, 내부구조도, 사진(건물 외관, 출입구, 현관문, 주위 환경, 도로 등) 등이 자세하게 수록되어 있다. 이를 통해 직접 경매물건 현장을 방문하기 전에 건물의 노후도나 구조, 현재 상태 등을 어느 정도 파악하기 용이하다.

특히 건물의 내부구조도는 꼭 확인해야 한다. 경매로 부동산을 취득할 때 현재 소유자 또는 임차인 등이 문을 열어주지 않으면 내부를 볼 수 없다. 이런 경우 내부구조도를 통해 내부 상황을 가늠할 수 있다.

2. 감정가를 기준으로 한 입찰가 산정 팁

아파트가 아닌 빌라, 토지, 상가, 임야, 공장 등 거래량이 많지 않거나 부동산 물건 간 동질성이 없는 개별적인 부동산의 경우 객관적인 가치를 정확히 파악하기 어렵다. 그래서 이 경우 많은 입찰 참여자가 입찰가를 산정할 때 감정가를 기준으로 삼고 있다.

감정평가서를 통한 감정가는 법원을 통한 감정평가인의 객관적인 가치평가금액이기 때문에 신뢰도가 높다. 따라서 감정가를 근거로 시세를 파악하고 입찰가를 산정하는 것은 합리적인 방법이다.

반면 아파트는 시세를 비교할 수 있는 물건이 대단히 많으며, 구조와 평형이 같은 경우 사실상 동질성을 띠기에 시세 파악이 쉽다. 이러한 경우에는 감정가를 굳이 기준으로 삼지 않더라도 KB시세나 주변 부동산의 호가를 기준으로 입찰가를 산정할 수 있다.

나아가 감정가를 절대 맹신해서는 안 된다. 감정가와 시세와의 차이가 많은 경우를 종종 볼 수 있기 때문이다. 부동산 하락장에서는 감정가보다 20% 이상 낮은 금액으로 나오는 물건이 많아진다. 반면 부동산 상승장에서는 감정가보다 10~20% 비싼 금액으로 낙찰되는 경우도 많다. 이렇게 되는 이유는 무엇일까?

첫째는 감정평가 자체에 오류가 있는 경우다. 극히 예외적이겠지만 감정평가인도 실수를 할 수 있다. 그리고 감정평가인의 객관적인 가치평가보다 입찰 참여자들의 가치평가가 다를 수 있다.

두 번째로 감정평가 시점과 입찰 시점이 다르기 때문이다. 감정평가 후에 나머지 경매 절차가 진행되는 과정에서 수개월이 지나가며, 1~2회 유찰되어 2차나 3차 매각기일에 낙찰되는 경우도 많다. 그러면 감정평가 기준 시점과 입찰 시점 사이에 6개월 이상의 간격이 벌어지기도 한다. 이 사이에 부동산 시장에서 급격한 변화가 있다면 감정가와 입찰가도 크게 차이가 날 수 있다.

입찰가 산정의 중요성은 아무리 강조해도 지나치지 않다. 시세와 감정가를 정확히 알고 이에 근거해 어느 정도의 수익을 원하는지, 앞으로 시장가격 변화는 어떻게 될지 등을 종합적으로 판단해 신중히 결정해야 한다. 그렇지 않다면 너무 높은 금액을 써서 큰 손해를 입을 수 있다.

경기도 화성시 아파트

경매는 권리분석이 전부라고 생각하는 사람이 많다. 그만큼 권리분석이 중요하고 자칫 잘못하면 큰 손해를 볼 수 있기 때문이다. 하지만 경매 역시 부동산을 구매하는 수단에 불과하며, 제일 중요한 것은 해당 지역의 가치가 어떠한지 파악하는 것이다. 따라서 내가 경매로 낙찰받고자 하는 지역의 입지분석을 꼼꼼히 해야 한다. 특히 서울 및 수도권이 아닌 지역 또는 신도시의 경우 입지분석의 중요성은 더욱 올라간다. 이번에는 입지분석의 중요성을 인식하며 함께 분석해보자.

1. 경매사건 조회

경기도 화성시의 한 아파트다. 감정가 9억 9,300만 원으로 시작했는데, 2회 유찰 끝에 3회 매각기일에 6억 4,500만 원에 낙찰되었다. 낙찰자가 어떤 이유로 이 가격에 낙찰받았는지 입지분석, 권리분석, 시세분석의 순서로 살펴보도록 하겠다.

구분	매각기일	최저매각가격	결과
1차	2023-01-11 (10:30)	993,000,000	유찰
2차	2023-02-15 (10:30)	695,100,000	유찰
3차	2023-03-21	486,570,000	
매각 645,000,000원 (64.95%) / 입찰 9명 /			

2. 입지분석

먼저 이 경매물건이 가치가 있는 물건인지 입지분석을 해야 한다. 해당 아파트가 소재한 지역에 대해 교통, 직장, 학군, 환경, 공급 등의 기준으로 입지분석을 하고, 경매 사진을 통해 괜찮은 물건인지 파악한다.

서울이 아닌 수도권 또는 지방으로 갈수록 입지분석의 중요성은 더욱 올라간다. 권리분석도 중요하지만 결국 해당 지역의 가치가 어떠한지 파악하는 것이 중요하므로 입지분석은 반드시 해야 한다. 특히 신도시

자료: 네이버 지도

라면 더욱 꼼꼼한 분석이 필요하다.

화성시 반월동의 해당 물건 지역은 삼성전자 화성사업장 바로 옆에 위치했기에 직주근접을 원하는 직장인들의 주택 매수 수요가 꾸준히 있을 것으로 생각된다. 다른 신도시들이 직장이 없어 베드타운으로 전락하는 걱정을 할 수 있지만 동탄은 예외다. 교통의 경우 1호선 병점역과 GTX-A 동탄역 사이에 있지만 역에서 상당히 떨어진 곳이기에 교통이 편하다고 볼 수는 없다.

학군의 경우 중학교 학업성취도가 중요한데, 화성시 전반적으로는 경기도 평균에 불과하지만 경매물건 지역의 경우 기산중, 화성반월중, 동학중 등 성취도가 높은 학교가 많은 것으로 확인된다. 환경의 경우 동탄

신도시 부근으로 공원이 많이 조성되어 있다는 장점이 있다. 또한 1호선 병점역으로 가는 길에 화성시 1위 상권이 존재하는 이점이 있다. 다만 화성시의 경우 2023~2025년 주택 공급량이 적정수요에 비해 2배 이상 예정되어 있음을 유의하자.

3. 등기사항증명서 권리분석

말소기준권리의 종류로는 (근)저당권, (가)압류, 경매개시결정기입등기, 담보가등기, 전세권(전세권자가 배당요구 시) 등이 있다. 말소기준권리 전에 권리가 있다면 인수되고, 그 뒤에 있는 권리는 소멸된다.

○○은행이 소유자에게 갖고 있는 채권 및 근저당권으로 2022년 4월 15일 임의경매를 신청했다. ○○은행에서 설정한 근저당권이 가장 먼저 설정된 것으로서 말소기준권리가 되며, 이하 권리는 모두 소멸되는 안전한 사건이다. 국민건강보험공단과 화성시에서 체납된 보험료와 세금으로 압류를 해놓았지만 이 역시 경매를 통해 말소된다. 당해세의 경우 근저당권보다 앞서서 배당받지만, 경매 투자자 입장에서는 고려하지 않아도 된다.

▌ 경기도 화성시 아파트 등기현황 ▌

접수일자	권리종류	권리자	채권금액	비 고	소 멸
2015-06-29	근저당권	▦은행	280,500,000원	기준권리	소멸
2020-12-09	압류	국민건강보험공단			소멸
2021-02-15	압류	화성시(동부출장소장)			소멸
2022-04-15	임의경매	▦은행	141,959,076원		소멸

2장 내 집 마련을 위한 경매의 기초

4. 임차인 권리분석

임차인 현황을 보면 "조사된 임차 내역 없음"이라고 적혀 있다. 또 기타사항에는 해당 주소에는 채무자 겸 소유자를 세대주로 하는 세대가 전입되어 있다고 되어 있다. 즉 소유주가 실거주하고 있으므로 임차인 권리분석이 필요 없다.

▌ 경기도 화성시 아파트 임차현황 ▌

임차현황	· 기준권리일: 2015.06.29 · 배당요구종기일: 2022.06.28
	조사된 임차내역 없음
기타사항	☞해당 부동산에 대하여 현황조사차 방문하였는바, 폐문부재로 소유자 및 점유자 등을 만날 수 없어 출입문에 안내문을 부착하여 두었으며, 전입세대열람내역서 등에 의하면, 해당 주소에는 채무자 겸 소유자를 세대주로 하는 세대가 전입되어 있는바, 점유관계 등은 확인이 필요할 것으로 보임.

5. 시세분석

마지막으로 입찰가를 쓰기 위한 시세를 파악해야 한다. 경매 감정가는 참고만 하는 것이 좋고 현재의 시세와 실거래가를 파악해 입찰가를 작성해야 한다. 실거래가는 국토교통부 실거래가 공개시스템, 시세는 KB시세와 한국부동산원의 시세를 참고하자.

실거래가는 2021년 7월 이후로 거래된 바가 없다. 너무 오래된 실거래가이기에 시세를 확인해보자. 한국부동산원은 시세를 7억~8억 원으로, KB시세는 8억~8억 2천만 원으로 파악하고 있다.

6. 낙찰 결과

해당 경매물건은 2023년 3월 21일 645,000,000원에 낙찰되었다.

청약보다 쉬운 아파트 경매 책

▌경기도 화성시 아파트 시세 ▌

매매 실거래가

	2023.03. 국토교통부 기준
계약월	매매가
2021.07.	**9억**(26일,23층) **8억 9,200**(3일,4층)

매매 시세

	✔ 한국부동산원	KB부동산	부동산뱅크

기준일	하한가	상한가	평균변동액	매매가 대비 전세가
2023.03.20.	**7억**	**8억**	**-**	**60~61%**
2023.03.13.	7억	8억	-	60~61%

매매 시세

	한국부동산원	**✔ KB부동산**	부동산뱅크

기준일	하위평균가	일반평균가	상위평균가	매매가 대비 전세가
2023.03.24.	**8억**	**8억1,000**	**8억2,000**	**43~48%**
2023.03.17.	8억	8억1,000	8억2,000	43~48%

자료: 네이버 부동산

9명이 입찰에 참여했고 차순위매수신고금액은 619,888,000원이었다. 앞서 파악한 시세가 약 7억 7천만 원이었으니 시세 대비 약 1억 2천만 원 정도 저렴하게 낙찰받은 사례라고 할 수 있다.

삼성전자라는 초대형 일자리가 있는 곳이고 신도시의 인프라와 앞으로 발전할 교통에 비하면 생각보다 큰 시세차익을 거둔 것으로 생각된다. 최근 부동산 하락장이 지속되고 있어서 경매물건에 대해서도 보수적으로 접근하는 사람들이 많아졌다. 이런 때일수록 경매를 통한 차익을 기대할 수 있을 것이다.

청약보다 쉬운 아파트 경매 책

3장

경매 초보자에게
알려주는
**입지분석과
비용분석**

내 집 마련,
이렇게 접근해봅시다

수도권 내 소형 아파트부터 접근하자

부동산 경매 초보자의 경우에는 반드시 권리분석이 쉬운 물건부터 시도해야 한다. 경매는 기대수익이 높은 분야이지만, 그만큼 위험성도 높기에 경매 초보자일수록 수익은 적을지라도 쉬운 물건에 도전해야 한다.

경매의 위험성이 높은 이유는 권리분석 때문이다. 권리분석이란 경매 물건인 부동산에 법률적인 문제가 있는지를 확인하는 것으로서, 낙찰자가 경매 절차가 끝난 이후에도 낙찰금액 외에 추가 비용을 들여서 인수해야 하는 권리가 있는지 확인하는 절차다.

그렇다면 경매에 있어서 쉬운 물건은 어떤 물건일까? 보통 다세대주택 또는 다가구주택보다는 아파트, 지방보다는 서울 수도권, 대형보다는 소형 아파트일수록 쉬운 투자라고 볼 수 있다.

3장 경매 초보자에게 알려주는 입지분석과 비용분석

우리나라 전체 가구 중에서 1인 가구가 차지하는 비율이 1/3에 달한다. 더 중요한 것은 1인 가구의 증가 속도가 매우 빠르다는 점이다. 하지만 이에 비해 소형 아파트 공급 물량은 적은 것이 현실이다. 3~4인 가구에서 1인 가구 형태로 우리나라의 인구구조가 변하는 만큼 소형 아파트 수요는 더 늘어날 것이다.

이러한 인구구조를 근거로 했을 때, 수요가 많은 소형 아파트는 경매 낙찰 후 거래가 상대적으로 쉬울 것이다. 또한 소형 아파트는 부동산 하락장에서도 상대적으로 덜 위험하다. 큰 거래금액이 들지 않는 실수요자가 많은 시장이기에 하락장에서도 상대적으로 처분이 쉽기 때문이다.

또한 소형 평수 부동산은 임차보증금도 낮고 명도 시 발생하는 이사비용도 낮으며, 결국 낙찰가가 저렴해진다. 따라서 경매 낙찰 과정에서 혹시나 실수해서 명도가 어려워지거나 입찰가를 잘못 산정하더라도 큰 돈이 묶이지 않기 때문에 리스크가 적다.

아파트 외 주택 경매는 신중히 하자

아파트의 경우 거래량이 많고 물건의 동질성이 있어 시세 파악이 쉽다. 그뿐만 아니라 권리분석에서도 특별히 문제가 없는 경우가 많다. 그러나 아파트 외의 주택 경매는 어려운 물건이 적지 않다. 단독주택, 다가구주택, 다세대주택의 경매에는 여러 가지 면에서 신중히 접근해야 한다.

1. 단독주택

단독주택은 각각의 물건마다 동질성이 적고 개별적인 성격이 짙으며 현재의 물건 상태 확인이 중요하다. 즉 건물의 토지 면적, 주변 환경, 건물 상태 등을 확인해야 한다. 또 대규모 수선을 했다면 용도지역, 용적률, 건폐율 등을 알아보아야 한다. 그리고 단독주택의 건물 모양, 난방방식, 시설의 노후화, 수리 필요성 등 전반적인 상태를 점검해야 한다.

2. 다가구주택

빌라는 4층 이하의 건물로서 다가구주택과 다세대주택으로 나뉜다. 이 중 다가구주택은 빌라 중에서 건물 면적이 $660m^2$ 이하이고, 주택으로 쓰는 층이 3개 층(지하층 제외) 이하이면서 19호까지 지을 수 있는 형태를 말한다. 하나의 건물에 호별로 독립된 화장실과 부엌이 갖춰져 있지만 호실마다 소유권이 나뉘어 있지 않은 주택이다.

다가구주택은 하나의 소유권으로 이루어진 건물에 세입자가 다수다. 이러한 경우 경매 과정에서 명도가 매우 어려워질 수 있다. 하나의 낙찰을 받는 것인데 명도는 수차례 진행해야 할 수 있기 때문이다. 다가구주택 경매 시 여러 명의 임차인이 있는지 우선 확인한 후, 이 중 대항력과 우선변제권을 가진 임차인과 대항력이 없는 임차인을 구분해야 한다. 추후 명도 문제가 발생한다면 어느 임차인이 대상이 될지 등을 예상하는 것이 중요하다.

3장 경매 초보자에게 알려주는 입지분석과 비용분석

3. 다세대주택

다세대주택은 4층 이하 건물 중 건물면적이 $660m^2$ 이하이면서 각 호 하나하나를 별도의 주택으로 보아 구분등기를 할 수 있는 건물이다. 따라서 호마다 소유주가 다르며 분리해 매매할 수 있다.

다가구주택처럼 소유권이 분리되지 않아 다수의 임차인이 한 물건에 얽혀 있는 경우는 드물 것이지만, 다세대주택 역시 경매 참여 시 주의해야 한다. 아파트에 비해 세대수가 적고 관리가 열악하며 주차시설이 부족해 거래량이 많거나 선호도가 높은 물건이 아니기 때문이다. 따라서 입찰가 산정 시 보수적으로 임하는 것이 좋다.

한편 재개발 이슈가 있는 지역의 다세대주택을 경매로 구입해 더 큰 수익을 얻는 것도 가능하다. 즉 경매를 통한 시세차익과 정비사업을 통한 개발이익을 한 번에 얻는 방법을 노리는 것이다.

청약보다 쉬운 아파트 경매 책

입지분석은
손 임장부터 철저히 하자

나는 어떤 입지를 우선하는가?

부동산 경매에서도 좋은 입지의 좋은 가치를 지닌 주택을 마련한다는 점에서 기본적인 입지분석이 필요하다. 경매를 통해 구매하려는 부동산이 위치한 지역이 어떠한 가치를 가진 줄 알아보아야 하는 것이다.

따라서 직장, 교통, 학군, 환경, 공급량 등의 기준을 통해 그 지역이 가진 가치를 객관적으로 분석해보아야 한다. 이러한 분석은 직접 지역을 방문하지 않고도 앱과 웹 검색을 통해 충분히 찾을 수 있으며, 이를 '손임장'이라고 부른다. 손 임장에 대해 자세히 알아보자.

1. 직장

직장은 입지분석에서 가장 중요한 요인이라 할 수 있다. 직장이 많은

▌2040 서울 도시기본계획 ▌

▌호갱노노 내 직장 분석 ▌

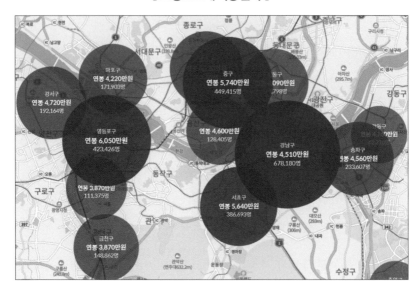

곳, 양질의 일자리가 많은 곳이 당연히 좋은 지역이다. 이곳은 필연적으로 거주 인구가 많을 수밖에 없고, 연봉이 높아 주택 구매 수요가 꾸준히 존재한다.

서울과 수도권에서 직장이 가장 많은 곳은 강남구, 서초구, 송파구, 영등포구, 중구, 판교 등이 있다. 그중에서도 강남, 영등포(여의도), 종로는 직장이 가장 많으므로 3대 도심이라고 불린다. 2040년 서울 도시기본계획에서도 3대 도심을 기준으로 앞으로 서울의 발전 방향을 세우고 있다. 따라서 우리가 서울의 입지분석을 할 때도 3대 도심과의 접근성을 반드시 체크해야 한다. '호갱노노' 앱을 통해 각 지역의 직장 종사자 수와 평균 연봉을 쉽게 확인할 수 있다.

2. 교통

교통은 직장과 마찬가지로 입지분석에서 가장 중요한 기준이다. 또 직장과 필연적으로 연결 되어 있는 기준이기도 하다. 직장이 가장 많은 3대 도심 및 서울 주요 거점을 지나는 지하철은 2호선, 3호선, 9호선이며, 이 노선들을 포함하는 곳이 교통에서 가장 좋은 입지라고 볼 수 있다.

GTX 역시 3대 도심으로 가는 시간을 획기적으로 단축하는 교통수단이기에 입지분석에서 큰 영향을 끼친다. 삼성역, 서울역, 여의도역 등까지 기존 2시간에서 30분 내로 이동하게 되니 GTX 역이 생기는 곳은 엄청난 호재라고 할 수 있다.

또한 교통으로 확인해보아야 할 사항은 강남까지의 접근성이다. 가장 좋은 입지는 강남까지 30분 이내 도달할 수 있는 곳이고, 그다음이 1시간 이내 접근 가능한 지역이라고 분류해도 좋다. 교통에 대한 입지분석은 '네이버 부동산'에서 교통호재를 검색하면 확인할 수 있다.

3. 학군

학군은 우리가 흔히 간과하기 쉬운 기준인데, 직장과 교통 다음으로 중요한 입지분석의 핵심이라고 볼 수 있다. 소위 강남 8학군이라고 불리는 지역인 강남구와 서초구는 다른 지역에 비해 월등히 높은 집값을 보인다. 이 지역은 직장과 교통도 좋은 지역이지만 학군이 좋기 때문에 모두가 원하는 지역이기도 하다.

흔히 학군은 중학교 학업성취도 평가를 기준으로 확인한다. 중학교는 해당 지역에 거주한다는 이유만으로 입학할 수 있기에 자녀교육에 있어 중요한 기준이 되는 것이다. 각 지역의 학업성취도, 학교정보는 '학교알리미' 홈페이지에서 확인할 수 있다.

4. 상권, 녹지 등 환경

환경은 다양한 기준으로 파악할 수 있다. 보통 상권이 중요한 기준이 되며 주변에 종합병원이나 쇼핑몰, 대형마트 등이 있는지가 중요하다. 상권이 발달하면 유동인구가 늘어나서 주변 상가 시세는 물론 아파트 가격까지 높아지는 효과가 있다. 대형 쇼핑몰로 인해 상권이 발달하기도 하고, 식당이나 카페거리가 발달함으로써 상권이 형성되기도 하기에

청약보다 쉬운 아파트 경매 책

║ 서울시와 뉴욕 및 런던의 녹지 비율 비교 ║

센트럴 런던 ── 공원·녹지율 14.6%
서울도심 4대문안 ── 3.7%
뉴욕 맨해튼 ── 26.8%

꼭 확인해야 하는 부분이다.

또한 환경 중 녹지공간은 최근 들어 중요시되는 추세다. '숲세권'이라는 용어가 있을 정도로 점차 녹지에 대한 수요가 높아지고 있고 서울에서 한강 조망권이 좋은 이유 중 하나도 한강공원이 주변에 있기 때문이다. 서울시는 글로벌 10대 도시 수준으로 영향력이 큰 도시 중의 하나인데, 그에 비해 가장 부족한 부분이 녹지공간이다. 전체 면적의 4%에 불과한 수준이어서 앞으로 중요성이 더 커질 예정이다.

용산 미군기지가 반환되면서 용산공원으로 탈바꿈될 것이라는 점, 오세훈 시장이 '2040 서울 도시기본계획'을 통해 서울의 한강과 그 지류 주변의 공원을 조성하려고 하며 도심의 녹지화를 추진하는 점 등을 알아두면 좋다. 또한 서울의 여유 택지가 부족하므로 녹지공간이 있는 지역과 없는 지역의 격차가 벌어질 수도 있을 것이다. 상권은 호갱노노 앱에서 확인이 가능하며, 녹지는 네이버 지도를 통해 쉽게 알 수 있다.

5. 수요와 공급

관심 부동산 지역에 향후 주택 공급이 늘어난다면 주택가격은 하락할 가능성이 커질 것이다. 반면 주택 공급이 앞으로 몇 년 동안 줄어들거나 없다면 주택가격은 유지되거나 상승할 가능성이 크다.

주택 수요는 거주인구에 비례하므로 큰 변화는 없겠지만, 해당 지역으로 전입인구가 늘어나는 곳이라면 주택 수요가 늘어나서 주택가격이 상승할 수 있다. 예컨대 평택 같은 경우 삼성전자를 비롯한 기업이 많이 들어오는 관계로 전입인구가 늘어서 주택가격이 상승할 수 있는 것이다. 주택 공급의 경우 향후 3년간의 주택 공급량이 대부분 정해져 있다. 아파트 인허가가 나면 향후 3~4년 뒤 준공되어 주택 공급 물량으로 나오기 때문이다.

2023년부터 2025년까지 서울의 아파트 공급 물량은 수요에 비해 부족한 상황이다. 따라서 공급 관점에서 볼 때는 아파트 가격이 향후 3년간 하락할 위험이 적다고 할 수 있다. 아파트 공급 물량은 '부동산지인' 앱에서 확인할 수 있다.

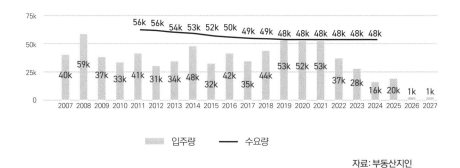

∥ 서울의 기간별 수요와 입주 ∥

입주량 —— 수요량

자료: 부동산지인

대표적인 손 임장 앱

부동산 관련된 다양한 정보를 손쉽게 확인할 수 있는 다양한 앱이 있다. 이 중에서 가장 많이 쓰이고 많은 정보를 알 수 있는 앱 6가지를 알아보자. 앱을 통해 어떠한 부동산 정보를 얻을 수 있는지를 알고, 이를 통해 부동산 임장을 가기 전에 정보를 취득한 뒤 실제로 현장에 가서 눈으로 확인하는 것은 필수다.

1. 네이버 부동산

네이버에서 제공하는 부동산 서비스다. 대한민국 포털 1위인 네이버이기 때문에 정보량과 접근성 면에서 타의 추종을 불허한다. 접근성이 좋기 때문에 많은 사람이 이용하고 있고 그만큼 매물이 굉장히 많으며,

네이버 부동산

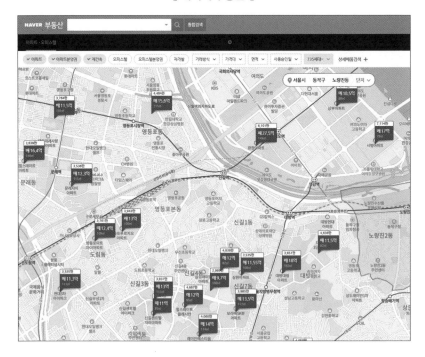

중개인들도 많이 활용하고 있는 것이 특징이다.

또한 매물 검색뿐 아니라 분양정보, 개발현황, 경매정보, 도시개발계획 등 정말 다양한 분야의 정보를 제공한다. 매물을 볼 때 매물유형, 매매가, 전세보증금, 월세, 사용승인일, 층수, 세대수 등 원하는 조건에 따라 검색할 수 있다. 주변 개발현황과 관련해서는 GTX, 교통호재, 재개발 등 부동산 가격에 직결되는 개발계획, 개발 위치와 예정일도 함께 확인할 수 있다. 개발 중인 GTX 노선이나 철도를 클릭하면 개발 기간 및 개발 사업에 대한 개략적인 정보를 확인할 수 있다.

청약보다 쉬운 아파트 경매 책

그리고 전국 분양정보를 리스트로 확인할 수 있다. 일일이 분양 예정일과 분양정보에 대해 따로 검색할 필요가 없이 네이버 부동산으로 찾을 수 있다. 아파트, 오피스텔 빌라와 같은 분양 유형부터 공공분양, 민간분양, 재건축·재개발과 같은 분양형태, 분양가격, 면적, 청약가능통장까지 세부적으로 조건 설정이 가능하다.

마지막으로 부동산 관련 뉴스를 쉽게 확인할 수 있다. 뉴스는 부동산 가격에 직접 반영되는 만큼 부동산 공부에 필수다. 더불어 네이버 경매를 통해 경매정보를 확인할 수 있다. 접근성이 좋아 많은 사람이 사용하는 만큼 네이버 부동산 커뮤니티에서 실수요자, 투자자들의 의견을 확인 가능하다.

2. 호갱노노

호갱노노는 아파트의 실거래가와 시세 정보를 쉽고 빠르게 확인할 수 있는 앱이다. 주요 기능을 알아보자.

첫째, 아파트 실거래가 확인 기능이다. 많은 사람이 호갱노노에서 가장 많이 사용하는 기능이기도 하다. 직관적으로 아파트 시세와 실거래 내역을 확인해볼 수 있는 장점이 있다. 아파트별로 대략적인 시세가 어느 정도인지 한 번에 파악할 수 있으며 다른 아파트와 비교하기도 편리하다. 또한 실거래 내역이 그래프로 표기되어 상승장인지 하락장인지 확인하기가 쉽다.

둘째, 관심 부동산 확인 및 아파트 커뮤니티 기능이다. 지도 화면에서

3장 경매 초보자에게 알려주는 입지분석과 비용분석

몇 명의 사람들이 현재 해당 매물을 확인하고 있는지 알 수 있다. 사람들의 관심을 받고 있는 인기 아파트, 경쟁률이 높은 분양 등을 확인할 수 있다. 또 아파트를 실제로 사용한 사람들이 댓글을 달아준다. 따라서 아파트 실거주자의 생생한 정보를 알아볼 수 있다.

셋째, 경매물건에 대한 기초 정보 서비스를 제공한다. 경매진행 과정, 유찰 횟수, 매각기일, 가격 등을 간단히 정리해주며, 물건을 클릭하면 바로 법원경매정보 사이트로 연결된다. 또한 재건축 아파트를 손쉽게 확인할 수 있다. 재건축 아파트의 위치는 물론 해당 물건의 용적률, 지분비율, 예상세대수 및 현재 재건축 진행 과정을 알려주기에 재건축 투자에 관심 있다면 매우 유용하게 사용할 수 있다.

넷째, 일자리, 상권, 학원가 정보를 제공한다. 호갱노노의 좋은 기능 중하나는 바로 일자리, 직장 정보다. 직장인 연봉을 클릭하면 해당 지역의 평균 연봉과 함께 어떠한 직장이 있는지 정보가 나온다. 이런 정보를 활용해 내가 매수하려고 하는 지역의 직장 정보를 확인하고, 주변 지역의 일자리와 비교함으로써 손쉽게 지역분석을 할 수 있다.

그뿐만 아니라 각 지역의 상권 비교를 시각적으로 표시해줘서 상권이 발달한 동네를 금방 찾을 수 있다. 더불어 학원가가 형성된 곳을 색깔별로 구분해주어서 학원가가 주변에 형성되어 있는지 금방 찾게 된다.

3. KB부동산

전국 아파트의 시세를 확인할 수 있는 앱으로 다양한 시세확인 사이트가 있지만, 정확성과 정보량 두 가지 측면 모두를 충족하는 곳이다. 실제 대부분의 은행권에서 LTV를 계산할 때 KB부동산의 정보를 이용한다.

KB시세는 실거래가 중심의 가격과 더불어 KB은행과 연계된 부동산 공인중개사무소의 가격을 기준으로 지표를 산정한다. 부동산 중개사들의 상한가, 하한가, 일반가를 나누어 입력하게 하고 이를 기준으로 지표를 만든다고 알려져 있다. 가장 공신력이 있는 지표이며, 추출 표본 수가

3장 경매 초보자에게 알려주는 입지분석과 비용분석

많기 때문에 정확도가 높은 지표다.

KB시세조회에서 확인되는 아파트 평가금액은 대출 한도와 연관이 있다. 실제 금융권에서 대출 시 KB시세를 사용하기 때문에 대출로 부동산을 구매할 사람은 꼭 이용해야 할 앱이다. 지도상에 시세가 나오기 때문에 위치별 부동산 가격을 쉽게 확인할 수 있다.

또한 공시가격, 규제지역을 확인할 수 있다. 공시가격은 종합부동산세 등 각종 세금과 규제의 기준이 되기 때문에 중요하다. 또한 조정대상지역, 투기과열지구, 투기지역에 대한 정보를 확인할 수 있다. 규제지역에 해당되는지 여부는 대출, 청약, 세금 등 여러 면에서 큰 차이를 만들기 때문에 꼭 확인해야 한다.

마지막으로 기타 다양한 정보. 준공년도, 실거래가, 매물가격, 평당가격, 전세가율, 학군 정보, 역세권부터 초세권, 의세권, 스타벅스세권 등을 확인할 수 있다.

4. 부동산지인

다양한 부동산 투자 정보를 제공하는 앱으로 아파트 투자를 생각한다면 필수로 사용해야 하는 앱 중 하나다. 어떤 정보를 제공하는지 살펴보자.

첫째, 아파트의 가격 변동 추적 및 예측 부분이다. 투자자들이 지역을 분석하는 방법과 아파트를 선택하는 방법이 담겨 있고 부동산 시장을 분석하는 방법을 익힐 수 있다.

둘째, 다양한 정보를 제공한다. 아파트 전문 시세를 제공하는데, 면적별 시세, 연차별 시세를 통해 지역의 아파트 가격을 정확하게 파악할 수 있도록 돕는다. 지역과 지역의 연관성을 파악할 수 있도록 인구 및 세대 전출입 자료를 정리해서 해당 지역과 연관성이 높은 지역이 어디인지 파악할 수 있도록 돕는다. 지역에 공급되고 있는 아파트의 숫자와 필요한 수요를 제공해 해당 지역의 공급이 과잉인지 아닌지 파악할 수 있도록 돕는다. 실제 거래가 이루어진 날을 기준으로 아파트 거래량을 제공한다. 제공되는 아파트의 거래량은 정상적인 거래의 숫자만 집계해서 제공한다. 거래량 분석을 통해 시장의 활성화 정도를 파악할 수 있다.

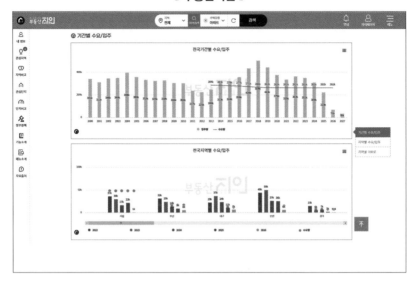

셋째, 지역분석, 아파트분석 정보다. 지역의 시장 강도, 인구수, 입주, 거래량, 매매, 전세, 시세 등을 확인할 수 있다. 이 방법을 통해 현재 저평가받고 있는 지역을 알아볼 수 있고, 어느 지역이 비싼 가격대로 형성되어 있는지 확인 가능하다. 또한 아파트 분석을 통해 아파트 단지의 시세, 전세, 전세율, 입주지도, 준공일 등을 상세히 알 수 있다.

넷째, 빅데이터 지도다. 부동산 지인의 특징적인 기능 중 하나로 전국 부동산에 대한 빅데이터 기반 분석 서비스를 제공한다. 증감, 전출입, 입주, 거래량, 경매 등 여러 가지 데이터를 확인할 수 있다. 예컨대 전출입 서비스를 통해 지역에 대한 유입인구와 전출인구의 자료를 손쉽게 확인할 수 있어 인구 이동이 어떻게 진행되는지 알 수 있다.

5. 한국부동산원

한국부동산원 앱은 공기업인 한국부동산원에서 직접 운영하는 부동산 앱이다. 부동산 시세에서부터 공시지가, 실거래가 및 부동산 시장 동향 등의 정보를 제공한다.

다른 앱의 경우 각 지역의 부동산 공인중개사로부터 정보를 취합해서 시세를 파악한다. 따라서 해당 공인중개사로부터 부정확한 정보를 받을 경우 시세가 현실을 반영하지 못할 수 있다. 반면 한국부동산원 앱의 경우 실제 공기업 소속 직원이 일일이 직접 전국의 부동산 시세를 파악하는 것이기 때문에 신뢰도가 높다. 다만 인력 및 행정력의 한계로 표본이 많지 않기 때문에 현실을 반영하지 못할 수 있다. 표본 숫자와 정보량이 많은 KB시세와 함께 이용하는 것이 좋다.

6. 국토교통부 실거래가 공개시스템

국토교통부에서 제공하는 국토교통부 실거래가 공개시스템은 「부동산 거래신고 등에 관한 법률」에 따른 부동산 거래신고제를 통해 수집된 실거래 자료를 공개하고 있다. 거래당사자는 부동산의 매매계약을 체결하면 그 실제 거래가격 등 사항을 거래계약의 체결일부터 30일 이내에 시장 등 신고관청에 공동으로 신고해야 한다.

실제 대부분의 부동산시세 앱의 표본이 되는 것이 국토교통부 실거래가 공개시스템이다. 실거래가가 가장 먼저 정확히 나오는 것이며, 이를 바탕으로 다른 모든 시세 사이트에서 실거래가를 산정하는 것이다.

3장 경매 초보자에게 알려주는 입지분석과 비용분석

현장에 답이 있다,
경매 현장조사

경매 현장조사의 의미

부동산 경매에서 현장조사는 공인중개사를 통한 일반 부동산 거래보다 월등히 중요하다고 할 수 있다. 실제 부동산 매물에 대해서 아무도 설명해주거나 보증해주지 않기 때문이다.

공인중개사를 통한 일반 거래에서는 공인중개사가 해당 매물에 대해 기본적인 설명을 해주고, 부동산 매도인으로서는 매수인에게 집을 보여줘야 거래가 수월히 이뤄질 것이므로 현장 조사가 쉽다. 그러나 부동산 경매에서는 공인중개사의 설명이 없다. 경매 입찰 참여자가 스스로 현장조사를 해야 하며, 법원이 부동산 내부 상태까지 보장해주지 않는다.

임차인 만나기

경매 현장조사 과정에서 제일 중요한 것은 점유자(임차인)를 만나보는 것이다. 점유자만큼 부동산에 대해 가장 잘 아는 사람은 없을 것이며, 부동산 내부 상태를 알아보려면 결국 점유자가 문을 열어주고 허락해줘야 확인할 수 있다.

많은 사람이 경매 시 현장조사를 부담스러워한다. 부동산 점유자가 내부를 보여줄 의무가 없고, 경매를 좋지 않은 일이라 생각해서 점유자가 적대감을 가지리라 생각하기 때문이다.

그러나 점유자는 본인 상황에 따라 경매 입찰 참여자에게 협조해주는 경우도 있다. 상식적으로 입찰 참여자가 부동산 내부를 확인해야 확신을 하고 입찰가를 높이 쓸 수 있을 것이고, 이는 배당을 받게 될 점유자에게도 좋은 결과이기 때문이다.

공인중개사 만나기

현장조사에서 근처 공인중개사를 방문하는 것은 필수 절차다. 해당 지역의 공인중개사는 경매물건에 대해 잘 알고 있을 가능성이 크고, 동일 매물이 아니더라도 유사한 매물에 대한 정보가 많이 있기 때문이다. 간혹 경매물건은 공인중개사를 통한 매도가 원하는 대로 잘 이루어지지 않을 때 경매로 넘어가는 경우가 있기 때문에 주변 공인중개사는 전반적인 상황을 알고 있을 가능성이 크다.

이때 2회 이상 유찰되기 전에 미리 가서 공인중개사를 방문하는 것이 좋다. 2회 이상 유찰되어서 사람들의 관심이 높아지면 이미 공인중개사를 방문하는 사람들이 많아져서 제대로 된 상담을 받기 어렵기 때문이다.

현장조사 시 확인할 것

현장조사 시 소유자 또는 임차인의 동의를 받아 내부를 직접 확인하는 것이 가장 좋다. 그러나 협조를 받기 어렵다면 같은 건물에 있는 다른 물건을 살펴봄으로써 내가 입찰할 주택에 대해서 최대한 이미지 메이킹을 하면 된다.

현장 확인 시 내부가 너무 노후화된 건 아닌지, 장판과 벽지 상태가 괜찮은지, 화장실이나 싱크대, 창틀의 상태는 어떤지 등을 확인해야 한다. 너무 낡거나 수리나 보수가 필요하다면, 보수 및 인테리어 비용을 추가 예산으로 잡아야 한다.

또한 아파트가 아닌 단독주택, 빌라 등의 경우에는 각각의 물건마다 동질성이 적고 개별적인 성격이 크기에 현재의 물건 상태를 확인하는 것이 중요하다. 건물의 토지 면적, 주변 환경, 건물 상태 등을 확인해야 한다. 즉 건물 모양, 난방방식, 시설의 노후화, 수리 필요성 등 전반적인 상태를 더욱 꼼꼼히 점검해야 한다.

관리비 체납 여부도 현장조사를 통해 확인할 수 있다면 알아보도록 하자. 경매정보 사이트에 체납관리비 금액이 나오는 경우도 있지만, 관리사무소를 통해 직접 확인하는 것이 훨씬 정확하다. 관리비 체납액과 전기·수도·도시가스 요금 등이 연체되었는지를 확인하는 게 좋다.

경매 총 비용분석은
이렇게 하세요

부동산 경매에서 가장 어려운 부분은 입찰가를 얼마로 결정하느냐일 것이다. 부동산 시세보다 비싸게 낙찰받으면 당연히 안 될 것이며, 권리분석을 통해 추후 부담하게 될 수 있는 채무는 반드시 공제해야 할 것이다. 그 외에도 취득세, 법무비용, 명도비용, 인테리어 공사비용 등 낙찰 전후로 부담해야 할 거래비용이 얼마인지 계산해야 한다.

이러한 비용 계산을 모두 입찰가에 반영해야 불측의 손해를 막을 수 있으며, 최종적인 수익률이 얼마인지 계산해볼 수 있을 것이다. 이러한 경매 수익률 계산 시 따져야 하는 기준을 살펴보자.

청약보다 쉬운 아파트 경매 책

감정평가 금액과 부동산 시세를 통한 기준금액 산정

부동산 경매에서 감정가는 법원의 요청에 따라 감정평가사의 객관적인 평가로 계산된다. 따라서 감정가는 경매 입찰가 산정 시 중요한 기준이 된다. 그런데 경매물건은 통상 입찰 6개월~1년 전에 감정평가가 이루어지기에 현재의 부동산 시세와 큰 차이가 생기는 경우가 왕왕 생긴다. 따라서 감정평가 금액을 맹신하면 안 되며, 실제 주변 부동산 시세를 확인해야 한다.

만일 감정평가 시점 이후 최근에 큰 개발 호재가 생겨서 주변 시세가 크게 오른다면 감정 금액보다 높은 금액을 써야 낙찰될 것이다. 반면 최근과 같이 부동산 조정장이 지속된다면 감정평가액이 실제 시세보다 비쌀 것이므로 여러 번 유찰되어 가격이 떨어진 뒤에 입찰해야 한다.

주변 부동산의 시세는 국토교통부의 실거래가 사이트나 네이버 부동산 시세, KB부동산 시세를 이용해 확인할 수 있다. 경매물건 주변의 공인중개사무소에 직접 방문해 현재의 살아 있는 호가를 조사하는 것도 좋은 방법이다. 전화로 대뜸 요즘 호가가 얼마인지 물어보았을 때는 실제의 호가를 듣기가 쉽지 않을 수도 있으니 항상 현장에 답이 있다는 것을 잊지 말자.

3장 경매 초보자에게 알려주는 입지분석과 비용분석

낙찰 후 취득세

경매를 통해 낙찰받은 부동산에도 적용되는 세금은 일반 부동산 거래와 동일하다. 취득세는 과세표준에 세율을 곱하는 원리이므로 먼저 취득세 과세표준에 포함되어야 할 대표적인 사항들을 살펴보자.

1. 취득세 과세표준 포함

첫째, 대항력 있는 임차인의 보증금이다. 전세보증금에 대해 배당요구를 했으나 전액 배당을 받지 못한 전세보증금 잔액과 배당요구를 하지 않았으나 대항력이 있는 전세보증금에 대해서는 취득가액에 포함해야 한다.

둘째, 변제책임이 있는 유치권 채권이다. 유치권자로부터 부동산을 인도받기 위해 지급해야 할 간접비용으로 취득세 과세표준에 포함해야 한다.

별개로 공용부분 체납 관리비는 그동안에는 취득가액에 포함된다고 여겨졌으나 최근 경매에 대한 대법원 판례에서 이를 취득가액으로 포함하지 않는다고 했기에 공용부분 체납 관리비에 대한 취득세 과세표준 포함 여부가 변경될 수도 있어 보인다.

2. 세율

그다음은 세율이다. 경매 부동산이 주택임을 전제로 하면 취득세는

청약보다 쉬운 아파트 경매 책

보유 주택 수, 조정대상지역 여부, 전용면적 등에 따라 크게 달라진다.

예를 들어 낙찰자가 무주택자인 상황에서 비조정대상지역 내 전용면적 85m² 이하 주택을 6억 원 이하에 취득한다면 취득세는 1.1%가 나온다. 하지만 낙찰자의 세대 주택수가 5채인 상황에서 조정대상지역 내 전용면적 85m² 이하 주택을 6억 원 이하에 취득한다면 취득세는 12.4%가 나오게 되어 대략 11배 이상의 취득세를 부담해야 하는 상황이 펼쳐질 수 있다. 이를 참고해 내가 어느 지역의 주택을 경매 취득해야 할지 의사결정에 활용해야 할 것이다.

한편 현재 조정대상지역 내 매매 취득세 중과세율의 과도한 부담을 덜고자 중과세율 완화에 대한 입법이 진행 중이나 여야의 의견 대립으로 쉽게 통과되지 않고 있다. 추후 개정된다면 취득세 부담이 한층 줄어들 것이므로 현재 다주택자라면 개정사항을 항상 예의주시하자.

마지막으로 간혹 법인을 통해 주택 경매를 하겠다는 상담이 들어온다. 그러나 현재 취득세 및 보유세에서 법인은 그 어떤 혜택도 받을 수 없다. 예를 들어 법인으로 주택을 취득한다면 바로 12.4%의 중과세율(85m² 초과 시 13.4%)이 적용되어 취득시점부터 엄청난 부담이 생긴다.

매년 주택 보유로 인해 발생하는 대표적 보유세인 종합부동산세도 무시할 수 없다. 최근 세법 개정으로 그나마 완화되었지만 법인은 기본공제도 적용받을 수 없고, 단일세율인 2.7%를 적용받으며, 3주택 이상이면서 과세표준이 12억 원을 초과한다면 5%의 단일세율을 적용받아서 매년 압도적인 종합부동산세를 부담해야 한다.

3장 경매 초보자에게 알려주는 입지분석과 비용분석

▌ 취득세율표(2023년 5월 1일 기준) ▐

부동산의 종류			구분	취득세율	농어촌 특별세율	지방 교육세율	합계
일반			토지/건물	4.0	0.2	0.4	4.6%
농지			신규	3.0	0.2	0.2	3.4%
			2년 이상 자경	1.5	–	0.1	1.6%
주택	일반 과세	6억 이하	85㎡ 이하	1.0	–	0.1	1.1%
			85㎡ 초과	1.0	0.2	0.1	1.3%
		6억 초과 9억 이하	85㎡ 이하	1~3	–	0.1~0.3	1.1~3.3%
			85㎡ 초과	1~3	0.2	0.1~0.3	1.3~3.5%
		9억 초과	85㎡ 이하	3.0	–	0.3	3.3%
			85㎡ 초과	3.0	0.2	0.3	3.5%
	중과세	조정대상지역 내 1세대 2주택 비조정대상지역 1세대 3주택 (일시적 2주택 제외(일반과세))		8.0	– (85㎡ 초과 0.6%)	0.4	8.4% (85㎡ 초과 9.0%)
		조정대상지역 내 1세대 3주택~ 비조정대상지역 1세대 4주택~		12.0	– (85㎡ 초과 1.0%)	0.4	12.4% (85㎡ 초과 13.4%)
		일시적 2주택으로 종전주택을 3년(비조정대상지역), 또는 1년 (조정대상지역) 이내 미처분 시		8.0	– (85㎡ 초과 1.0%)	0.4	8.4% (85㎡ 초과 9.0%)
		법인, 사단, 재단, 단체 등 (시가표준액 1억 이하 등 중과 제외)		12.0	– (85㎡ 초과 1.0%)	0.4	12.4% (85㎡ 초과 13.4%)

청약보다 쉬운 아파트 경매 책

그렇다고 양도할 때 무조건 유리한 것도 아니다. 법인이 보유한 법령에서 정하는 주택(부수토지 포함)과 조합원 입주권 또는 분양권을 양도하는 경우에는 해당 부동산의 양도소득에 대해 각 사업연도 소득에 대한 법인세 외에 추가로 법인세를 과세하게 되어 사실상 실익은 거의 존재하지 않게 되었다. 만약 개인이라면 받을 수 있는 1세대 1주택 양도소득세 비과세도 적용받을 수 없게 된다.

낙찰 후 법무비

부동산 경매는 경락잔금대출을 이용하게 된다. 일반적으로 경락잔금대출을 통해 부동산 잔금을 치르는 절차를 살펴보면 법무사를 통해 진행되는 것을 알 수 있다.

우선 경락잔금대출을 해주는 은행은 대출금을 낙찰자에게 직접 보내지 않고 은행에서 지정한 법무사에 대출금을 전달한다. 그리고 낙찰자는 나머지 잔금을 법무사에게 송금한다. 그리고 법무사는 대출금과 잔금을 합해 법원에 잔금을 치르게 되며, 소유권 등기를 하면서 근저당권 등기까지 설정한다.

이렇게 경락잔금대출과 등기 과정에서 법무사의 역할이 있으며 여기에 들어가는 비용을 '법무비'라고 부른다. 여기에는 경락잔금대출비용, 등기말소비용, 등기원인작성료, 수수료, 제증명비용, 여비, 일당 등 입찰

후 소요되는 모든 비용이 포함된다. 수익률을 계산할 때 일반적으로 법무비는 입찰가의 0.5% 정도로 계산하지만 법무사별로 금액차가 존재한다.

낙찰 후 예상 명도비

부동산 경매에서 일반적으로 명도 과정을 많이 두려워하고 어려워한다. 명도비용은 보통 점유자가 이사할 수 있도록 낙찰자가 지불하는 이사비를 말한다. 이는 법적인 의무사항은 아니지만, 관행적으로 빠른 명도를 위해서 대부분 이사비용을 점유자에게 건네는 경우가 많다.

만일 명도비용을 지급하지 않았다가 점유자가 점유이전을 하지 않고 버틴다면 인도명령을 통해 강제집행을 실시해야 한다. 대부분 이러한 강제집행까지 가는 경우는 드물지만, 결국 강제집행비용도 낙찰자가 우선 지불해야 한다. 어차피 낙찰자가 지불해야 하는 비용이 있으므로, 시간을 단축하고 점유자와 마찰 없이 빠르게 명도를 하고자 해서 애초에 이사비를 낙찰자가 건네는 경우가 많은 것이 현실이다.

명도는 최대한 빠르게 끝내는 것이 중요하다. 그래야 필요한 수리·보수나 인테리어 공사를 할 수 있고, 새로운 임차인을 들이는 시간을 단축할 수 있기 때문이다. 이러한 시간이 늘어난다면 경락잔금대출 이자를 부담해야 하는 기간이 늘어나서 더 큰 손해가 발생할 수 있다. 따라서 경매 수익률을 분석할 때는 명도비용을 감안해서 계산해야 한다.

체납관리비

부동산 물건 중 특히 아파트 경매에서는 관리비 체납 여부를 확인해야 한다. 즉 입찰하기 전에 채무자의 관리비 체납 여부를 확인해 체납관리비를 낙찰가격에서 공제하고 입찰가를 산정해야 한다.

아파트 관리비는 전유부분에 대한 관리비와 공용부분에 대한 관리비로 나누어진다. 법적으로 낙찰자가 부담해야 하는 체납관리비는 공용부분에 대한 것뿐이고, 전유부분에 대한 체납관리비는 낙찰자가 부담할 의무가 없다.

이는 상식적으로 당연한 것이, 공용부분은 아파트 입주자 전체를 위한 것이므로 만일 누군가가 공용부분 관리비를 연체했다면 입주자 전체에게 손해를 끼치는 것이기에 낙찰자가 부담해야 할 필요성이 있다. 반면 전유부분은 해당 아파트 호실 소유자만의 공간이므로, 전유부분 관리비 연체는 다른 입주자에게 피해를 끼치는 것이 아니다. 그러므로 이를 낙찰자에게 부담시킬 필요성이 적은 것이다. 이에 대한 논거는 대법원 판례에도 잘 나타나 있다(대법원 2006. 6. 29., 선고 2004다3598, 3604 판결).

마지막으로 체납관리비가 있는 부동산을 낙찰받는다면 관리사무소를 상대해야 하는 경우도 있다. 그동안 임차인에게 관리비를 적극 징수하지 않은 것에 대한 업무상 과실을 묻고, 체납관리비 중 공용부분만 낙찰자의 부담이라는 내용증명을 발송하는 것이다.

대법원 2006. 6. 29., 선고 2004다3598, 3604 판결

【판시사항】

[1] 「집합건물의 소유 및 관리에 관한 법률」 제18조의 입법 취지 및 전(前) 구분소유자의 특별승계인에게 전 구분소유자의 체납관리비를 승계하도록 한 관리규약의 효력(=공용부분 관리비에 한하여 유효)

【판결요지】

[1] 「집합건물의 소유 및 관리에 관한 법률」 제18조에서는 공유자가 공용부분에 관하여 다른 공유자에 대하여 가지는 채권은 그 특별승계인에 대하여도 행사할 수 있다고 규정하고 있는데, 이는 집합건물의 공용부분은 전체 공유자의 이익에 공여하는 것이어서 공동으로 유지·관리되어야 하고 그에 대한 적정한 유지·관리를 도모하기 위하여는 소요되는 경비에 대한 공유자 간의 채권은 이를 특히 보장할 필요가 있어 공유자의 특별승계인에게 그 승계의사의 유무에 관계없이 청구할 수 있도록 하기 위하여 특별규정을 둔 것이므로, 전(前) 구분소유자의 특별승계인에게 전 구분소유자의 체납관리비를 승계하도록 한 관리규약 중 공용부분 관리비에 관한 부분은 위와 같은 규정에 터 잡은 것으로 유효하다.

나아가 낙찰잔금을 치른 이후에도 점유자가 부동산을 불법 점유하고 있고, 계속 관리비를 체납하고 있다면 관리사무소에 적극 징수하라는 내용증명을 발송하자. 체납관리비로 인한 단전 및 단수조치로 인해 점유자는 심리적 압박을 느껴 쉽게 명도를 받을 수도 있을 것이다.

그러나 실무적으로는 법적 의무가 아닐지라도 관행상 밀린 관리비를 낙찰자가 부담하는 경우가 적지 않다. 이미 채무자는 변제 능력이 없는

청약보다 쉬운 아파트 경매 책

상황이기 때문에 관리비를 요구하더라도 이를 갚을 의지 자체가 없을 수 있기 때문이다.

경락대출이자

경매를 통해 부동산을 낙찰받으면 통상 경락잔금대출을 이용하게 된다. 경매 입찰 참여 시 입찰기일에 최저매각금액의 10%를 보증금으로 지급해야 하며, 나머지 잔금은 약 한 달 내에 모두 법원에 납부해야 한다. 한 달이라는 기간은 전세임차인을 구하기에는 상당히 짧은 시간이다. 또 이 기간 내에 즉시 매도하기도 쉽지 않다. 이런 경우 대부분 경락잔금대출을 받게 된다.

경락잔금대출의 경우 일반 주택담보대출과 똑같은 대출규제가 적용된다. 조정지역에서 경락잔금대출을 받으려면, LTV나 DSR 같은 대출규제가 똑같이 적용된다. 즉 경락잔금대출은 대출 규제가 적용되지 않으므로 일반 대출보다 훨씬 많은 대출이 가능한 것으로 오해하는 사람이 많은데 이는 잘못된 것이다. 다만 경매에서는 대출이 편한 경우가 많다. 매도인의 협조를 구할 필요가 없고 법원의 감정평가를 받았기에 은행에서 시세 파악이 용이하기 때문이다.

바로 전세임차인을 구하더라도 최소한 3개월 정도 대출이자를 지불할 수 있다는 것을 계산해서 입찰가를 산정해야 한다. 대출금액과 현 대출이자 및 중도상환수수료 등을 감안해 계산해야 할 것이다.

보수공사 및 인테리어 비용

경매 부동산의 상태에 따라서 필요하다면 보수공사 또는 인테리어 공사를 진행해야 할 수 있다. 특히 전세임차인을 높은 가격에 구하거나 매도 시 수익률을 높이기 위해서는 이러한 공사는 필수적일 수도 있다.

당연히 이러한 인테리어 공사비용을 낮추는 것이 수익률 제고에는 도움이 된다. 여러 업체의 견적을 받은 뒤 선택하거나 셀프 공사를 하는 등 방법이 있을 것이다. 또한 예상하지 못한 보수공사 비용 등이 들지 않기 위해서는 경매 입찰 참여 전 해당 부동산을 꼭 방문해야 한다. 점유자의 양해를 구해 직접 보는 것이 가장 좋을 것이며, 직접 들어가지 못하더라도 건물 외관과 복도, 창틀 등을 통해 노후화 정도를 예상해보는 것이 필요하다.

벽지 및 장판은 기본적으로 교체해야 할 것이고, 전세금을 높이거나 매도 시 수익을 극대화하려면 화장실, 싱크대, 베란다 수리 및 교체를 진행해야 할 것이다.

매도 시 양도소득세

부동산 경매 투자의 최종 순서는 낙찰받은 부동산을 다시 매도하는 것이고, 매도 시점에 발생하는 것이 양도소득세다. 여기 적용되는 세금도 일반 부동산 거래와 동일하며, 1세대 1주택 비과세 조건을 충족하지 못한 경우 모든 부동산 경매 절차에서 가장 큰 비용이 지출될 수 있다. 특히 2년 이내에 부동산을 양도하게 되면 살인적인 양도소득세를 경험하게 된다.

그래서 세금을 줄이기 위해서 매수자와 짜고 다운계약서를 쓰는 등 아주 위험한 길을 선택하는 경우도 있는데, 추후 결국 실거래가 위반으로 과태료 및 적게 낸 세금에 가산세까지 추징받는 경우를 흔히 볼 수 있다.

예를 들어 주택을 경매받고 1년 이내에 차익이 1억 원 발생했다고 가정해보자. 단시간에 1억 원의 수익이 발생했으니 투자에 대한 성과가 났다고 좋아할 수 있다. 그러나 77%의 단일세율 적용으로 인해 양도소득세 7,700만 원이 발생한다. 결국 수중에 쥐어지는 수익은 2,300만 원뿐이라는 것이다. 주택이 아닌 일반 토지라고 가정하더라도 55%의 단일세율로 5,500만 원의 세금이 발생해 4,500만 원의 세후 수익을 거둘 뿐이다.

그렇기 때문에 부동산 경매로 취득해 단기투자를 하는 고수는 2년룰을 기본적으로 지켜서 투자한다. 다만 이와 같은 양도소득세는 계속 개편될 수 있으므로 주의 깊게 살펴보고 양도 시점에 어떤 세율이 적용되

3장 경매 초보자에게 알려주는 입지분석과 비용분석

▮ 보유기간에 따른 양도소득세율(지방소득세 포함) ▮

구분		주택 및 입주권	분양권	주택 외 부동산
보유 기간	**1년 미만**	77%	77%	55%
	2년 미만	66%	66%	44%
	2년 이상	기본세율		기본세율

고, 세금은 얼마나 줄일 수 있을지 양도 전문 세무사와 상담하도록 하자.

나아가 주택의 경우 1세대의 주택 수가 경매받은 주택 1채뿐이고 주택의 소재지가 조정대상지역이 아니라면 2년 보유 후 양도 시 12억 원까지는 세금이 전혀 발생하지 않는 비과세 혜택을 받을 수 있다. 취득 시점에 주택소재지가 조정대상지역이라면 추가로 2년 거주라는 요건을 충족하면 똑같이 비과세할 수 있다. 2023년 4월 기준 조정대상지역은 서울 강남 3구인 강남구, 서초구, 송파구 및 용산구뿐이므로 대부분 지역은 2년 거주요건이 없다고 봐도 무방하다.

양도가액이 12억 원을 초과하더라도 12억 원까지는 똑같이 1세대 1주택 비과세가 적용되고, 초과 부분에 대해서는 세 부담이 줄어드는 일정 방식의 계산을 통해 아주 적은 세금만 발생하므로 1세대 1주택 비과세 효과를 꼭 볼 수 있는 계획을 짜보도록 하자.

물론 기존 주택이 있더라도 기존 주택 취득 후 1년이 지나서 새로운 주택을 경매 취득하고, 새로운 주택 취득 후 3년 이내에 종전주택을 양도하면 종전주택에 대해서 비과세를 받을 수 있다. 물론 종전주택은 별도로 비과세요건인 2년 보유(조정대상지역은 2년 거주 추가)요건을 충족해야 한다. 이게 흔히 말하는 일시적 1세대 2주택 비과세요건이다.

양도소득세는 수익이 난 경우에 부담하는 것이며, 수익이 없다면 전혀 신경 쓸 것이 아니다. 다만 애초에 입찰에 참여할 때부터 미래 출구전략에서 발생하는 양도소득세까지 계산한다면 경매를 통한 수익률을 조금 더 정확히 측정할 수 있다.

부동산 경매는 가격을 매도인이 정하는 것이 아니라 매수인이 스스로 정할 수 있으므로 반드시 이와 같은 수익 계산을 철저히 해야 입찰가를 합리적으로 정할 수 있다.

3장 경매 초보자에게 알려주는 입지분석과 비용분석

서울시 영등포구 여의도 아파트

이번에 볼 지역은 여의도의 재건축 아파트다. 여의도는 토지거래허가구역으로 묶여 있어 일반 부동산 매매 시 갭투자가 불가능하다. 또한 최근까지 투기과열지구에 해당했는데, 투기과열지구의 재건축 아파트를 거래하는 경우 조합원 지위가 승계되지 않는 것이 원칙이다. 이러한 규제가 부동산 경매에서는 적용되지 않아 일반 매매보다 큰 이점을 지니는 경우가 있다. 지금부터 확인해보자.

1. 경매사건 조회

서울시 영등포구 여의도동의 한 아파트로, 감정가 20억 1,600만 원으로 시작했는데, 1회 유찰되어 최저매각금액이 16억 1,280만 원으로 하락한 상황이다. 감정가보다 20% 하락한 금액이고 여의도의 재건축으로 유명한 아파트다.

진행결과를 보면 매각기일이 두 차례 변경되었다. 매각기일 변경에는 다양한 이유가 있는데, 매각절차상의 하자가 있거나 권리관계의 변동이 있는 경우, 채무자나 채권자의 신청으로 연기되는 경우 등이 있다.

진행결과

매각기일	결과	최저매각금액	최저가율(%)
2022.11.16	유찰	2,016,000,000원	100%
2022.12.21	변경	1,612,800,000원	80%
2023.01.18	변경	1,612,800,000원	80%
2023.03.29	진행	1,612,800,000원	80%

2023년 3월 29일 다시 매각기일이 진행된다는 것을 확인했으니 분석해보자.

2. 입지분석

영등포구 여의도 부근의 입지분석을 손품을 통해 알아보자. 교통, 직장, 학군, 환경, 공급 등의 기준으로 입지분석을 한 뒤 경매물건 권리분석을 진행한다.

해당 물건은 여의도에 있는 재건축 아파트다. 서울 3대 도심 중 하나

3장 경매 초보자에게 알려주는 입지분석과 비용분석

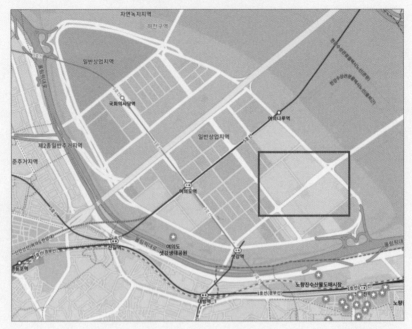

자료 : 네이버 지도

인 여의도에 있으므로 직장 기준으로는 최고의 입지다. 교통 역시 5호선
과 9호선이 지나고 2022년 개통한 신림선이 가까워 매우 편리하다. 한
강 뷰와 백화점, 쇼핑몰 등 인프라를 생각하면 최적의 장소다. 최근 정부
의 재건축 규제 완화, 주거지역 아파트 층수 제한 및 완화 등의 정책을
고려하면 더욱 가치가 있다.

여의도는 중학교 학업성취도가 매우 높지만 학교가 많지 않다. 여의
도의 용도지역을 보면 주거지역보다 상업지역이 훨씬 많은 것을 알 수
있어 실거주라기보다 향후 가치를 생각하는 투자 목적 수요가 많으리라

생각된다. 여의도를 포함한 영등포구 전체가 2025년까지 아파트 공급량이 매우 적을 예정이다.

또한 여의도는 토지거래허가구역으로서 원칙적으로 부동산을 매각할 경우 토지거래허가가 필요하지만, 예외적으로 경매로 취득한다면 「민사집행법」상 거래허가대상이 아니다. 따라서 일반 매매로 여의도 아파트를 구매하는 경우 2년간 거주의무를 지게 되며 갭투자가 사실상 불가능하지만, 경매를 통해 매수하면 갭투자가 가능하며 거주의무기간이 없기 때문에 즉시 소유권을 이전할 수 있다.

더불어 투기과열지구 재건축 단지의 경우 조합설립 단계 이후 조합원 지위 승계가 문제인데 이 역시 해결되는 경우가 있다. 원칙적으로 투기과열지구 내 재건축 단지는 조합설립인가 후 부동산을 매수하더라도 조합원 지위를 승계할 수 없다. 그러나 「도시 및 주거환경정비법」에 따르면 금융기관에 대한 채무를 다하지 못해 주택이 경매·공매되는 경우에는 투기과열지구라 해도 조합원 지위가 승계될 수 있다.

물론 여의도는 최근 투기과열지구에서 해제되었지만, 강남 3구와 용산구의 경우 여전히 투기과열지구로 묶여 있어 해당 지역의 재건축 경매물건은 일반 매매 물건에 비해 큰 메리트가 있다.

3. 등기사항증명서 권리분석

말소기준권리의 종류로는 (근)저당권, (가)압류, 경매개시결정기입등기, 담보가등기, 전세권(전세권자가 배당요구 시) 등이 있다. 말소기준권

번호	접수일자	권리종류	권리자	권리금액	비고
1	2019.09.25	소유	주OO		전소유자: 신 탁재산의귀속신탁재산의귀속 (2019.09.25)
2	2020.08.11	근저	웰OOOOOOOOO	2,040,000,000 원	**말소기준권리**
3	2020.10.27	가압	김OO	33,200,000원	
4	2020.11.27	가압	김OO	306,000,000원	
5	2020.12.14	가압	박OO	440,000,000원	
6	2021.04.12	강제	이OO		(2021타경 청구액 290,301,447원
7	2021.04.16	가압	하OOO(OOOOO)	20,223,769원	
8	2021.04.20	압류	국OOOOOOO(OOOOOOO)		
9	2021.05.28	임의	애OOOOOO		(2021타경
10	2021.06.04	근저	이OO	720,000,000원	
11	2021.06.25	근저질권	완OOOOO(OOOOO)	2,040,000,000 원	대부의 근저 질권)
12	2021.07.01	가압	문OO	74,000,000원	
13	2021.08.31	근저	심OO	100,000,000원	
14	2022.08.02	압류	영OOO		

(열람일 : 2022.10.28)

리 전에 권리가 있다면 인수되고, 그 뒤에 있는 권리는 소멸된다.

웰○○○○이 설정한 근저당권이 가장 먼저 설정된 것으로서 말소기준권리가 되며, 이하 권리는 모두 소멸된다. 8번에 압류가 있고 국민건강보험공단으로 추정되는데, 이러한 공과금은 경매배당 순위에 있어서 조세채권과 동일하게 취급된다. 이 압류는 말소기준권리 이후에 설정된 것으로 경매 절차를 통해 소멸된다. 특별히 문제가 없는 안전한 물건이다.

임차인현황	말소기준권리: 2020.08.11 배당요구종기: 2021.07.13	
임차인	배당요구종기:2021.07.13	=== 채무자(소유자)점유 ===
기타참고	☛현지 방문시 채무자 겸 소유자 문을 교부하였음. ☛7동 25호는	를 만나 부동산강제경매 개시결정된 취지를 알리고 경매현황조사 안내 등재 되어 있지 않아 이유를 물은 즉 주소가 다른 곳에 있다고 함

4. 임차인 권리분석

해당 물건은 조사된 임차 내역이 없는, 소유주가 실거주하는 물건으로 임차인 권리분석은 필요 없다.

5. 시세분석

마지막으로 입찰가를 쓰기 위한 시세를 파악해야 한다. 경매 감정가는 실제 시세와 차이가 클 수도 있으므로, 현재의 시세와 실거래가를 파악해 입찰가를 작성해야 한다. 실거래가는 국토교통부 실거래가 공개시스템, 시세는 KB시세와 한국부동산원의 시세를 참고하자.

실거래가는 2023년 1월 20억 4천만 원, 2022년 12월 20억 원에 거래된 바가 있다. 한국부동산원 시세와 KB시세는 약 20억 6,500만~21억 원 사이에 형성되어 있다. 2023년 3월 29일로 예정된 매각기일의 최저매각금액이 16억 1,280만 원이므로 최대 약 4억 원의 시세차익을 볼 수 있는 물건이다.

매매 실거래가		2023.03. 국토교통부 기준
계약월	매매가	
2023.01.	**20억 4,000(19일,3층)**	

매매 시세		✔ 한국부동산원	KB부동산	부동산뱅크
기준일	하한가	상한가	평균변동액	매매가 대비 전세가
2023.03.20.	**19억7,000**	**21억**	**-**	**22~26%**
2023.03.13.	19억7,000	21억	-	22~26%

매매 시세		한국부동산원	✔ KB부동산	부동산뱅크
기준일	하위평균가	일반평균가	상위평균가	매매가 대비 전세가
2023.03.24.	**19억8,500**	**20억6,500**	**21억1,000**	**22~25%**
2023.03.17.	19억8,500	20억6,500	21억1,000	22~25%

자료: 네이버 부동산

6. 낙찰 결과

해당 경매물건은 2023년 3월 29일 2,030,000,000원에 낙찰되었다. 11명이 입찰에 참여했고 차순위매수신고금액은 2,010,000,000원이었다. 앞서 파악한 시세가 약 20억 8,500만 원이었으니 시세 대비 5,500만 원 정도 저렴하게 낙찰받은 사례라고 할 수 있다.

매매가가 굉장히 비싼 아파트임에도 불구하고 경매를 통한 시세차익 비율은 낮은 결과라고 볼 수 있다. 토지거래허가구역에 속해 있기에 경매로 낙찰받는 경우 일반매매에 적용되는 각종 제한이 없는 이점이 있기 때문으로 파악된다. 또 경매시장에서도 양극화가 벌어지고 있어 초고가 아파트에 관심이 몰리는 것도 이유가 되는 것 같다.

3장 경매 초보자에게 알려주는 입지분석과 비용분석

4장

치밀하게
분석하자!
경매
권리분석

경매에서 권리분석이
중요한 이유

누군가에게는 진입장벽, 나에게는 기회인 권리분석

권리분석은 부동산 경매에 참여할 때 진입장벽을 만드는 거의 유일한 조건이다. 즉 권리분석이 어렵기 때문에 부동산 경매가 일반인이 쉽게 참여할 수 없는 것이며, 그렇기에 시세보다 저렴한 가격에 경매로 낙찰을 받을 수 있는 것이다. 경매에 참여하기 위해서는 크게 여섯 가지가 필요하다. ①권리분석, ②입지분석, ③시세분석, ④입찰보증금, ⑤명도 과정, ⑥경매법원 참여다. 그러나 이 중 권리분석을 제외한 나머지 다섯 가지는 전혀 어려운 것이 아니다.

 부동산을 구매하려면 당연히 그 부동산의 가치를 알아보는 입지분석이 필요하며, 입찰가를 쓰기 위해 시세분석이 필요한데, 이는 경매만의 특수성이 아니다. 또 경매는 입찰보증금과 경매법원에 직접 방문할 필요가 있지만, 이는 조금 불편할 뿐 어려운 일이 아니다. 명도 과정은 뒤에 살펴보겠지만 90% 이상이 인도명령과 강제집행을 통해 해결점을 찾을 수 있다.

따라서 경매가 어렵고, 그래서 시세보다 저렴한 이유는 권리분석 때문이라 해도 과언이 아니다. 그렇다면 권리분석에 대해서 하나씩 알아보자. 권리분석은 경매를 통해 부동산 소유권을 취득하는 경우 소유권 외에 다른 법적인 권리가 남아서 매수인에게 인수되는지를 확인하는 절차다. 경매물건을 낙찰받아 매각대금을 완납하면 소유권을 취득하게 되는데, 소유권 외에 저당권, 전세권 등 경매물건에 설정되어 있던 권리 중 말소되지 않고 남는 권리가 있을 수 있다. 이러한 경우 낙찰자인 매수인의 소유권 행사에 제한이 생기며, 추후 매각대금 외에 추가적인 금전 부담이 생기게 된다.

즉 낙찰자에게 전세권이 인수되거나 대항력 있는 임차권이 인수된다면 전세권자와 임차인에게 전세금 또는 임차보증금을 경매 절차와 별도로 변제해야 하기 때문에 이를 미리 분석하지 못한다면 자금의 큰 손실이 일어나게 되는 것이다.

그러므로 경매 부동산에 대한 철저한 권리분석을 통해 매수인이 인수하게 되는 권리가 있는지를 확인해야 한다. 이러한 권리분석은 법원에서 제공하는 매각물건명세서, 현황조사보고서, 부동산등기사항전부증명서, 건축물대장, 토지대장, 토지이용계획확인서 등 다양한 공적 서류를 검토해서 판단해야 한다.

또한 법정지상권, 유치권, 분묘기지권 등 공적 서류상으로 확인할 수 없는 권리는 현장조사가 필요할 수도 있으니, 권리분석은 보수적으로 접근하는 것이 좋다.

경매로 인해 말소되는 권리와 인수되는 권리

말소기준권리의 종류로는 저당권, 근저당권, 압류, 가압류, 경매개시결정등기, 전세권(배당요구 시) 등이 있다. 말소기준권리 후에 설정된 권리는 일반적으로 말소되고, 말소기준권리 이전에 설정된 권리는 인수된다. 특정 권리의 경우는 성립 시기를 불문하고 인수된다.

┃ 경매로 인해 말소되는 권리와 인수되는 권리 ┃

경매로 인해 말소되는 권리	경매 후에도 인수되는 권리
- (근)저당권, (가)압류, 배당요구를 한 전세권, 담보가등기 - 말소기준권리 이후 성립된 지상권, 지역권, 배당요구를 하지 않은 전세권, 등기된 임차권, 가처분	- 유치권, 법정지상권, 분묘기지권 - 말소기준권리보다 먼저 성립된 지상권, 지역권, 배당요구를 하지 않은 전세권, 등기된 임차권, 순위보전을 위한 가등기, 가처분 - 지상 건물 철거를 위한 토지소유자의 처분금지가처분

권리분석 방법 두 가지

부동산 경매의 권리분석은 크게 두 가지로 나뉜다. 등기사항전부증명서 권리분석과 임차인 권리분석이다. 전자는 등기사항전부증명서에 표시된 부동산에 대한 법적 권리사항에 대한 분석이며, 후자는 매각물건명세서를 통해 부동산 점유자인 임차인이 가진 법적 권리사항을 분석하는 것이다. 이를 통해 경매 낙찰자가 소유권을 취득한 뒤에도 등기사항전부증명서상 남아 있는 물권이 존재하는지, 대항력 있는 임차인이 존속하는지를 알아보는 것이 핵심이다.

이렇게 낙찰자에게 인수되는 권리가 있다면 이를 추후 해결하기 위해 해당 권리자에게 별도로 변제해야 하며, 이때 들어가는 비용을 계산해 입찰가를 산정하는 것이 권리분석이다.

등기사항증명서를 통한
권리분석

등기사항증명서만 보더라도 경매 부동산에 현재 존재하는 각종 권리가 경매 낙찰 후 인수되는지, 매각으로 인해 말소되는지를 대부분 쉽게 확인할 수 있다. 소유권을 제외한 모든 권리가 말소된다면 이 물건은 안전한 물건이라는 뜻이며, 인수되는 권리가 하나라도 있다면 입찰가를 낮추거나 입찰 참여 시 보수적으로 접근해야 한다는 의미다. 따라서 이는 가장 기초적이고 우선적인 권리분석이며, 그렇기 때문에 권리분석 시 가장 먼저 등기사항증명서를 살펴보아야 한다.

등기사항증명서

등기사항증명서는 부동산에 관한 표시와 그에 관한 권리관계를 기재해 놓은 공적 기록이다. 부동산의 표시와 그 변경에 관한 사항, 소유권, 각종 용익물권과 담보물권 등의 설정과 그 변동, 가등기·(가)압류등기·가처분등기 등에 관한 사항이 기재되어 있다. 따라서 해당 부동산에 현재 설정되어 있는 권리가 무엇인지, 그 권리가 경매 낙찰로 인해 말소되는지 인수되는지를 판단할 수 있다.

등기사항증명서는 표제부, 갑구와 을구로 구성된다.

1. 표제부

표제부에서는 토지나 건물의 표시와 그 변경에 관한 사항이 기재되어 있다. 또한 표제부는 토지등기기록의 표제부와 건물등기기록의 표제부로 구성되어 있다. 아파트를 비롯한 집합건물은 건물 전체에 대한 표제부와 개개의 호수에 대한 표제부로 나뉜다.

토지 표제부의 경우 지번, 지목, 면적 등이, 건물 표제부의 경우 지번, 건물번호, 건물내역 등이 기재되어 있다. 집합건물 표제부에는 전체건물에 대한 표제부 및 구분된 각각 건물에 대한 표제부가 있으며, 건물의 표시와 대지권의 표시 및 대지권 비율까지 표시된다.

청약보다 쉬운 아파트 경매 책

등기사항전부증명서(말소사항 포함) - 건물				
				고유번호 1101-2018-000405

[건물] 서울특별시 서초구 서초동   -1

【 표 제 부 】 (건물의 표시)				
표시번호	접 수	소재지번 및 건물번호	건 물 내 역	등기원인 및 기타사항
1	2018년4월19일	서울특별시 서초구 서초동 [도로명주소] 서울특별시 서초구 서초대로	시멘트블럭조 시멘트기와지붕 단층주택 85㎡	

【 갑 구 】 (소유권에 관한 사항)				
순위번호	등 기 목 적	접 수	등 기 원 인	권 리 자 및 기 타 사 항
1	소유권보존	2018년4월19일 제549호		소유자 서울특별시 서초구 서초대로 , 동 아파트)

【 을 구 】 (소유권 이외의 권리에 관한 사항)				
순위번호	등 기 목 적	접 수	등 기 원 인	권 리 자 및 기 타 사 항
1	근저당권설정	2018년4월19일 제550호	2018년4월19일 설정계약	채권최고액 금60,000,000원 채무자 서울특별시 서초구 서초대로 , 동 근저당권자 이 .0614-*******

문서 하단의 바코드를 스캐너로 확인하거나, 인터넷등기소(http://www.iros.go.kr)의 발급확인 메뉴에서 발급확인번호를 입력하여 위·변조 여부를 확인할 수 있습니다. 발급확인번호를 통한 확인은 발행일부터 3개월까지 5회에 한하여 가능합니다.

발행번호 11020111001208041010180191SLD0004453KGT10516011112   1/2   발급확인번호 AL1L-HVDA-4055   발행일 2018/04/19

2. 갑구

갑구는 부동산의 소유권에 관한 사항이 기재되어 있다. 또한 갑구에서는 소유권의 변동, 가등기, 압류등기, 가압류등기, 경매개시 결정등기, 처분금지 가처분등기 등을 확인할 수 있다.

갑구의 구성을 살펴보면 등기한 순서인 순위번호, 등기목적, 접수번호, 등기원인, 권리자 등이 있다. 이를 통해 등기사항증명서의 소유자와 경매 부동산의 소유자가 일치하는지를 확인하자. 만일 갑구에 처분금지 가처분이 있다면 위험할 수 있는 물건이라는 것을 알아야 한다.

추후 가처분권자가 본안소송에서 승소하면 낙찰자는 소유권을 잃을 수 있다. 이 경우 낙찰자는 매각대금을 배당받은 채권자를 상대로 부당이득반환청구소송을 통해 회수해야 한다.

3. 을구

등기사항증명서의 을구에는 소유권 이외의 권리에 관한 사항이 기재되어 있다. 즉 소유권 이외의 권리인 저당권, 전세권, 지역권, 지상권 등의 물권과 그 설정 및 변경에 관한 사항이 기재되어 있다.

을구는 구성을 보자. 먼저 등기한 순서대로 순위번호가 있고, 이 순위에 따라서 각 권리 사이에 우선순위가 정해진다. 또한 등기신청서를 접수한 날짜, 접수번호, 등기원인 및 권리자를 알 수 있다.

경매 절차에서 확인해야 하는 것은 우선 최초 말소기준권리의 설정일이다. 예컨대 말소기준권리의 하나인 근저당을 예로 들자면, 가장 선순위 근저당 설정 접수일을 체크하고, 그전에 을구에서 다른 권리가 설정되어 있는지, 말소기준권리와 해당 부동산에 거주하는 임차인의 전입신고일을 비교해 어느 것이 선순위인지 등을 확인해야 한다.

말소기준권리를 통한 권리분석 방법

등기사항증명서 권리분석의 핵심은 '말소기준권리'에 대한 이해다. 이것만 잘 이해하면 많은 경매 부동산 권리분석이 아주 쉽게 해결된다.

말소기준권리란 부동산 경매에서 부동산을 낙찰받은 경우 부동산에 대한 권리를 낙찰자가 인수하는지 아니면 권리가 소멸되는지를 판단하는 기준이 되는 권리다. 다시 말해 말소기준권리 이전에 등기된 권리는 낙찰자에게 인수되어 낙찰자가 부담해야 하고, 말소기준권리 이후에 등기된 권리는 대부분 소멸되어 낙찰자가 부담하지 않는다.

다만 전세권과 임차권의 경우 배당요구를 하는지에 따라서 인수 또는 소멸 여부가 달라지며, 유치권 및 법정지상권 등 등기 순위와 관계없이 인수되는 권리도 있는데 이는 추후 확인해보자.

말소기준권리의 종류로는 저당권, 근저당권, 압류, 가압류, 경매개시결정등기, 전세권(배당요구 시) 등이 있다. 복수의 말소기준권리가 등기사항증명서에 기재된 경우, 가장 선순위 권리가 말소기준권리가 된다. 이러한 권리들을 먼저 이해한 후 아예 암기해두면 권리분석을 기계같이 할 수 있게 된다.

경매 초보자의 경우 등기사항증명서 권리분석 시 가장 쉬운 방법은, 말소기준권리 이전에 설정된 권리가 존재하지 않아서 현재의 부동산에 대한 모든 권리가 말소되는 물건을 찾는 것이다. 반면 말소기준권리 이전에 설정된 권리가 있다면 추후 비용 부담이 추가적으로 있을 수 있다. 그러므로 입찰 참여는 하지 않되, 입찰 결과를 예상해보며 경매 실력을 쌓는 것도 방법이다.

등기사항증명서 권리분석 사례

등기부현황은 등기사항증명서의 갑구와 을구의 권리를 간략히 정리한 자료다. 가장 위에 있는 소유권이전등기의 권리자는 이○○인데, 이는 부동산 경매로 낙찰되면 낙찰자로 변경되므로 신경 쓸 것이 없다.

그리고 소유권이전등기 바로 아래 있는 가장 선순위일자의 권리는 2015년 9월 3일 설정된 근저당이며, 이 근저당이 말소기준권리가 된다. 따라서 일자순으로 해당 근저당 뒤에 설정된 다른 근저당권과 가압류는 모두 소멸된다. 다시 말해 해당 부동산의 경우 낙찰자는 등기사항증명

▌등기부현황 ▌

등기부현황

No.	일자	권리종류	권리자	채권최고액 (계:1,613,277,205)	비고	소멸여부
1	2015.09.03	소유권이전(매매)	이○○		거래가액:350,000,000	
2	2015.09.03	근저당	우리은행	324,000,000원	말소기준등기	소멸
3	2019.10.17	근저당	우리은행	144,000,000원		소멸
4	2019.10.18	근저당	박○○	360,000,000원		소멸
5	2020.07.28	가압류	신용보증기금	199,750,000원	2020카단101464	소멸
6	2020.08.05	가압류	중○○	61,206,460원	2020카단203467	소멸
7	2020.09.16	임의경매	우리은행	청구금액: 121,497,316원	2020타경5038	소멸
8	2020.09.18	가압류	삼성카드(주)	15,126,237원	2020카단816755	소멸
9	2020.09.28	가압류	중소기업은행	501,711,835원	2020카단817194	소멸
10	2020.10.14	가압류	(주)우리카드	7,482,673원	2020카단36475	소멸
11	2020.11.10	임의경매	우리은행	청구금액: 251,807,514원	2020타경5991	소멸

자료: 네이버 경매

청약보다 쉬운 아파트 경매 책

서 기준으로 인수할 권리가 전혀 없으며, 초보자도 쉽게 입찰할 수 있는 아주 쉬운 안전한 물건이라고 할 수 있다.

등기사항증명서를 간략히 예시로 구성해서 사례 몇 가지를 더 살펴보자.

사례 1

2018.11.11. 소유권이전(갑구)

2020.10.14. 가압류(갑구) – 말소기준권리

2021.07.04. 전세권(을구)

2021.09.08. 저당권(을구)

사례 1은 가압류가 가장 선순위일자에 있으므로 우선되는 권리이며 말소기준권리가 된다. 따라서 가압류를 비롯한 전세권, 저당권은 모두 경매 절차에서 소멸된다. 따라서 이 역시 소유권 외에 다른 물권이 다 소멸되는 쉬운 경매물건이다.

사례 2

2015.11.11. 소유권이전(갑구)

2016.07.04. 가처분(갑구)

2017.11.01. 임차권(전입신고 및 확정일자)

2018.12.30. 근저당권(을구) – 말소기준권리

2019.04.21. 가압류(갑구)

　사례 2는 소유권을 제외한 권리 중 가처분이 가장 선순위에 있다. 가처분은 말소기준권리가 아니며, 해당 부동산의 경우 말소기준권리인 근저당권보다 가처분이 먼저 설정되어 있음을 알 수 있다. 또한 임차권 역시 전입신고와 확정일자가 말소기준권리인 근저당권보다 앞서 설정되어 있으므로 경매 낙찰 시 가처분과 임차권은 그대로 남아 있게 된다.

　이는 낙찰자가 가처분과 임차권을 떠안게 될 수 있으며, 가처분자가 문제 삼을 경우 경매 부동산 소유권 취득 자체가 불가능해질 수 있다. 따라서 초보자의 경우 이러한 물건은 접근하지 않는 것이 좋다.

　부동산 처분금지가처분은 목적물인 부동산에 대한 채무자의 소유권 이전, 저당권·전세권·임차권의 설정 등 일체의 처분행위를 금지하는 가처분을 말한다. ① 소유권에 관한 가처분(갑구에 기재)과 ② 소유권 이외에 저당권(을구에 기재) 등에 관한 가처분 등이 있는데 가처분권자가 말소기준권리보다 선순위인 경우에는 매수인이 인수하는 것이 원칙이나 후순위인 경우에는 소멸대상이 된다.

청약보다 쉬운 아파트 경매 책

부동산 경매 낙찰 후
말소되거나 인수되는 권리

말소기준권리의 종류로는 저당권, 근저당권, 압류, 가압류, 경매개시결정등기, 전세권(배당요구 시) 등이 있다. 말소기준권리 후에 설정된 권리는 일반적으로 말소되고, 말소기준권리 이전에 설정된 권리는 인수되며, 특정 권리의 경우는 성립 시기를 불문하고 인수된다.

지금부터 각각의 권리를 하나씩 살펴보면서, 경매물건에 해당 권리가 설정되어 있는 경우 그 권리가 말소되는 권리인지, 매수인에게 인수되는 권리인지를 익혀보자.

(근)저당권

실무적으로 은행으로부터 부동산담보대출을 받는 경우 대부분 근저

저당권(「민법」제356조)
채무자 또는 제3자가 점유를 이전하지 않고 채무의 담보로 제공한 부동산에 대해 다른 채권자보다 자기채권을 우선변제 받을 수 있는 권리

근저당권(「민법」제357조)
계속적인 거래관계로부터 장래 발생할 다수의 불특정 채권을 담보하기 위해 그 담보할 채무의 최고액만을 정하고 장래에 확정되는 채권을 그 범위 안에서 담보하는 권리

당권을 설정한다. 저당권이 아닌 근저당권을 사용하는 이유는, 장래 원금뿐만 아니라 이자까지 함께 담보하는 계속적인 거래관계로서 장래 발생할 다수의 채권을 담보하기 위해서다.

(근)저당권은 말소기준권리 중 하나로서 매수인의 매수로 인해 말소된다. 또한 (근)저당권이 설정된 이후에 성립한 일반적인 권리는 말소기준권리 이후에 설정된 후순위 권리이므로 소멸된다.

근저당권 권리분석 사례 표를 보면 말소기준권리는 A의 저당권이며, 경매 낙찰로 인해 말소된다. 말소기준권리인 저당권 이후에 설정된 임차권, 전세권, 근저당권 역시 모두 말소된다. 따라서 이 경우 낙찰자인 매수인에게 인수되는 권리는 없다.

근저당권 권리분석 사례

등기순위	일자	권리	권리자	등기목적/원인	말소/인수
1	2015. 12. 23.	저당권	A	채권액 200,000,000	말소기준권리
2	2016. 03. 02.	임차권	B	보증금 150,000,000	말소
3	2017. 11. 15.	전세권	C	보증금 300,000,000	말소
4	2018. 12. 15.	근저당권	D	채권액 120,000,000	말소
5	2019. 04. 16.	임의경매	D		

전세권

> **전세권(「민법」제303조)**
> 전세금을 지급하고 그 대가로 타인의 부동산을 점유하고 그 부동산을 사용·
> 수익하며, 그 부동산 전부에 대해 후순위권리자, 기타 채권자보다 전세금을
> 우선변제 받을 수 있는 권리

경매 부동산에 설정된 전세권은 말소기준권리와 비교했을 때 그 설정된 시기의 선후 관계에 따라 말소와 인수 여부가 달라진다. 말소기준권리인 (근)저당권 또는 (가)압류가 등기되고 그 이후에 설정된 전세권은 소멸한다. 그러나 말소기준권리의 등기보다 선순위로 설정된 전세권은 낙찰자에게 인수된다.

그러나 말소기준권리 이전에 설정된 전세권일지라도, 전세권자가 배

▌ 전세권 권리분석 사례 ▌

등기순위	일자	권리	권리자	등기목적/원인	말소/인수
1	2015. 12. 23.	전세권	A	보증금 250,000,000 기간 2년	배당요구 O→말소 배당요구 X→인수
2	2016. 03. 02.	저당권	B	채권액 150,000,000	말소기준권리
3	2017. 11. 15.	저당권	C	채권액 50,000,000	말소
4	2018. 12. 15.	가압류	D	채권액 150,000,000	말소
5	2019. 04. 16.	임의경매	B		

당요구를 하는 경우에는 전세권이 말소되어 낙찰자에게 인수되지 않는다(「민사집행법」 제91조 제3항). 즉 전세권자는 배당요구를 해 보증금을 받고 퇴거할지, 아니면 배당요구를 하지 않고 계속 거주할지를 선택할 수 있다.

전세권 권리분석 사례를 한번 살펴보자. 표를 보면 B의 저당권은 말소기준권리로서 경매 낙찰로 인해 말소된다. 말소기준권리 저당권 이후에 설정된 저당권, 가압류 역시 모두 말소된다. 그러나 말소기준권리보다 선순위인 전세권은 낙찰자인 매수인에게 인수된다.

여기서 만약 전세권자 A가 배당요구를 한다면 A는 전세권을 포기하고 전세보증금을 배당받겠다는 뜻이므로, 전세권이 말소되고 낙찰자에게 인수되는 권리는 없게 된다. 낙찰가액이 3억 원이라면 전세권 2억 5천만 원 배당 후 5천만 원만 저당권자 B가 가져가게 된다.

지상권·지역권

> **지상권(「민법」 제279조)**
> 타인의 토지 위에 건물, 기타 공작물이나 수목을 소유하기 위해 해당 토지를 사용할 수 있는 권리
>
> **지역권(「민법」 제291조)**
> 통행을 위하거나 일조량 확보를 위해서, 또는 건축 금지 등 일정한 목적을 위해 타인의 토지를 자기 토지의 편익에 이용할 수 있는 권리

경매 부동산에 설정된 지상권과 지역권은 말소기준권리와 비교했을 때 그 설정된 시기의 선후 관계에 따라 말소와 인수 여부가 달라진다. 말소기준권리인 (근)저당권과 (가)압류가 등기된 이후 설정된 지상권과 지역권은 낙찰자의 매수로 인해 말소된다. 반면 말소기준권리보다 선순위로 설정된 지상권과 지역권은 낙찰자에게 인수된다.

주의할 점은 지상권과 법정지상권은 다르다는 점이다. 법정지상권의 경우 지상권과 달리, 그 설정 시기에 관계없이 무조건 낙찰자가 인수하게 되는 위험이 있다(「민사집행법」 제91조 제3항).

다음 페이지의 지상권·지역권 권리분석 사례 표를 보자. B의 저당권이 말소기준권리가 된다. 말소기준권리 및 그 이후에 설정된 지역권, 저당권, 가압류는 모두 말소된다. 그러나 말소기준권리보다 선순위로 설정된 지상권은 말소되지 않고 낙찰자에게 인수된다.

등기순위	일자	권리	권리자	등기목적/원인	말소/인수
1	2015. 12. 23.	지상권	A	10년(지료 없음)	인수
2	2016. 03. 02.	저당권	B	채권액 200,000,000	말소기준권리
3	2017. 11. 15.	지역권	C	10년(지료 없음)	말소
4	2018. 03. 02.	저당권	B	채권액 100,000,000	말소
5	2018. 12. 15.	가압류	D	채권액 150,000,000	말소
6	2019. 04. 16.	임의경매	B		

(가)압류

압류(「민사집행법」 제24조, 제83조 및 제223조)
강제집행을 통한 채권의 만족을 확보하기 위해 집행법원이 확정판결이나
그 밖의 집행권원에 근거해 채무자의 재산처분을 금지하는 것

가압류(「민사집행법」 제276조)
금전채권 또는 금전으로 환산할 수 있는 채권에 관해 장래 그 집행을 보전
하려는 목적으로 미리 채무자의 재산을 압류해 채무자가 처분하지 못하도
록 하는 것

경매 부동산에 설정된 압류 및 가압류는 말소기준권리가 되며, 매수인
이 낙찰받아 대금을 완납하면 말소된다.

▌ 가압류 권리분석 사례 ▌

등기순위	일자	권리	권리자	등기목적/원인	말소/인수
1	2015. 12. 23.	저당권	A	채권액 100,000,000	말소기준권리
2	2016. 03. 02.	가압류	B	채권액 200,000,000	말소
3	2017. 11. 15.	저당권	C	채권액 100,000,000	말소
4	2018. 03. 02.	전세권	D	보증금 300,000,000	말소
5	2018. 12. 15.	임의경매	C		
6	2019. 04. 16.	매수인	D		

　가압류 권리분석 사례 표를 보자. A의 저당권이 말소기준권리이며, 이 저당권 뒤에 후순위로 설정된 B의 가압류는 낙찰자의 매수로 인해 말소된다. 그 뒤의 저당권, 전세권 역시 모두 말소된다. 따라서 낙찰자에게는 B의 가압류가 인수되지 않는다.

가등기

경매 부동산에 설정된 담보가등기는 낙찰자의 매수로 인해 말소된다 (「가등기담보 등에 관한 법률」 제15조). 그러나 순위보전을 위한 가등기가 설정된 경우, 말소기준권리보다 먼저 설정되었다면 말소되지 않고 낙찰자에게 인수된다.

담보가등기(「가등기담보 등에 관한 법률」 제12조 1항)
종국등기를 할 수 있을 만한 실체법적 또는 절차법적 요건을 구비하지 못한 경우나 권리의 설정, 이전, 변경, 소멸의 청구권을 보전하기 위해 하는 등기. 경매에 관하여는 가등기담보권을 저당권으로 본다.

순위보전을 위한 가등기(「부동산등기법」 제88조 및 제91조)
청구권이 시한부 또는 조건부이거나 장래에 확정되는 경우, 그 본등기를 위해 미리 그 순위를 보존하는 효력을 가지는 등기

담보가등기는 빌려준 돈을 받기 위해 설정하는 것으로 저당권과 유사한 개념이다. 담보가등기 권리자는 경매신청이 가능하며 배당요구도 할 수 있다. 반면 순위보전 가등기는 돈을 빌려준 것이 아니라, 부동산 매도인의 이중매매를 방지하기 위한 등기로서 경매신청은 불가하다.

이렇게 성격이 완전히 다른 가등기이지만, 등기사항증명서의 등기목적에 '소유권이전 청구권 가등기'로 동일하게 표기가 되어 이를 구별하는 것이 관건이다. 담보가등기는 말소기준권리가 된다. 즉 경매를 통해 소멸되기 때문에 낙찰자가 인수할 필요가 없다. 하지만 순위보전 가등기라면 소멸되지 않고 낙찰자가 인수해야 하는 위험성이 있기 때문이다.

두 가등기가 구분이 어렵고 인수 위험성이 있기 때문에, 가등기가 되어 있는 부동산에 경매가 진행되는 경우, 법원은 가등기 권리자에게 해당 가등기가 담보가등기인 경우 그 내용과 채권액을 신고하도록 최고한다.

▌ 소유권 가등기 권리분석 사례 ▐

등기순위	일자	권리	권리자	등기목적/원인	말소/인수
1	2016. 03. 02.	소유권	A	소유권이전등기	–
2	2016. 12. 02.	소유권이전가등기	B	부동산 매매예약 원인	인수
3	2017. 11. 15.	저당권	C	채권액 250,000,000	말소기준권리
4	2018. 03. 02.	임의경매	C		
5	2018. 12. 15.	경매 낙찰	D		
6	2019. 04. 16.	가등기에 기한 본등기	B	매매예약의 완료를 원인	

그리고 그 최고에 따라 배당요구 기한이 끝나기 전에 담보가등기라는 취지로 신고한 가등기권자는 배당을 받을 수 있으며, 그 가등기는 순위를 불문하고 경매로 소멸한다.

반면 아무런 신고도 하지 않은 가등기권자는 배당을 받을 수 없다. 그 가등기가 말소기준권리보다 선순위라면 낙찰자에게 가등기가 인수된다.

그렇다면 가등기 권리분석 사례 표를 보자. 말소기준권리인 C의 저당권은 낙찰로 인해 말소되며, 말소기준권리보다 먼저 설정된 B의 가등기는 그 성격에 따라 말소 또는 인수 여부가 달라진다. 만약 가등기가 담보가등기라면 이 역시 말소되고 낙찰자인 D가 인수하는 권리는 없을 것이다. 반면 가등기가 순위보전을 위한 가등기라면 말소기준권리보다 선순위이므로 낙찰자가 인수해야 한다.

등기상으로는 가등기권자인 B가 2019년 4월 16일 가등기에 기한 본

등기를 한 것을 통해 순위보전을 위한 가등기였음을 알 수 있다. 따라서 가등기권자 B가 가등기에 기한 본등기를 경료하고 소유권을 취득한 것에 대해 낙찰자 D는 매각대금을 지급했다 하더라도 대항할 수 없다. 낙찰자 D가 매각대금을 돌려받기 위해서는 배당받은 채권자 등을 상대로 부당이득반환청구를 해야 한다.

가처분

> **가처분(「민사집행법」제300조)**
> 다툼의 대상의 현상이 바뀌게 되면, 당사자가 권리를 실행하지 못하거나 곤란한 경우에, 그 다툼의 대상에 대해 현상변경을 하지 못하도록 하거나, 다툼이 있는 권리관계에 대해 임시의 지위를 정하는 것

경매물건에 설정된 가처분은 말소기준권리와 비교했을 때 그 설정된 시기의 선후 관계에 따라 말소와 인수 여부가 달라진다. 말소기준권리보다 가처분이 시기적으로 선순위에 설정된 경우, 그 가처분은 말소되지 않고 낙찰자에게 인수된다. 반면 말소기준권리 이후에 설정된 가처분은 소멸하게 되어 낙찰자가 인수하지 않는다.

그러나 특수한 경우가 있다. 토지소유자가 그 지상건물의 소유자에 대해 가처분을 한 경우, 설정시기에 무관하게 낙찰자는 가처분을 인수

▌가처분 권리분석 사례 ▌

등기순위	일자	권리	권리자	등기목적/원인	말소/인수
1	2015. 12. 23.	가처분	A	처분금지 가처분	인수
2	2016. 03. 02.	저당권	B	채권액 250,000,000	말소기준권리
3	2017. 11. 15.	근저당권	C	채권액 150,000,000	말소
4	2018. 03. 02.	전세권	D	보증금 100,000,000	말소
5	2018. 06. 12.	임의경매	C		

하게 된다. 구체적으로 살펴자면, 토지소유자가 건물소유자를 상대로 건물철거 또는 토지인도를 구하는 소송을 진행하면서 해당 건물에 대한 처분금지가처분을 하는 경우가 있다. 이 경우 소송 도중에 건물소유자가 바뀌어버리면 권리 만족이 어려워지므로 가처분을 하는 것이다.

가처분 권리분석 사례 표를 보자. 말소기준권리인 B의 근저당권과 그 이후에 설정된 C의 저당권, D의 전세권은 경매 낙찰로 인해 말소된다. 그러나 말소기준권리인 근저당권보다 먼저 설정된 가처분은 낙찰자에게 인수된다.

A가 분명 처분을 금지하는 가처분을 등기해놓고 공시했는데, 이를 뻔히 알면서 근저당을 설정한 B와 C 등은 처분금지가처분을 확인했음에도 돈을 빌려준 것이기 때문에 보호되기 어렵다. 그러므로 이 물건은 A의 가처분이 말소되지 않는 이상 시세대로 낙찰되기 어려울 것이다.

유치권

<blockquote>
유치권(「민법」 제320조 제1항)

타인의 물건 또는 유가증권을 점유한 사람이 그 물건이나 유가증권에 관해 생긴 채권이 변제기에 있는 경우, 그 변제를 받을 때까지 해당 물건 또는 유가증권을 점유할 권리
</blockquote>

경매 부동산에 설정된 유치권은 설정된 시기와 순위에 무관하게 낙찰자가 이를 인수하게 된다(「민사집행법」 제91조 제5항). 따라서 경매에 있어서 주의를 요구하는 물권 중 하나다.

　　유치권 권리분석 사례 표를 보면 A의 전세권이 말소기준권리다. 배당요구를 했기 때문에 전세권은 말소되고 A가 보증금을 배당받을 것이다.

▌유치권 권리분석 사례 ▌

등기순위	일자	권리	권리자	등기목적/원인	말소/인수
1	2015. 12. 23.	전세권	A	보증금 200,000,000	배당요구O → 말소기준권리
2	2016. 03. 02.	저당권	B	채권액 100,000,000	말소
3	2017. 03. 02.	가압류	C	채권액 150,000,000	말소
	2017. 11. 15.	유치권	D	채권액 50,000,000 (등기에 표시X)	말소
4	2018. 03. 02.	강제경매	C		

청약보다 쉬운 아파트 경매 책

그 후에 설정된 저당권과 가압류 모두 경매 낙찰로 말소된다. 그러나 핵심인 유치권은 설정된 시간 순서와 관계없이 말소되지 않고 낙찰자에게 인수된다. 이 유치권이 허위인지 진위인지를 꼭 파악해야 하는 것이 관건이다.

법정지상권 및 분묘기지권

법정지상권(「민법」 제305조 제1항, 제366조)
토지와 그 지상건물이 각각 다른 소유자에게 속하게 되는 경우, 건물소유자가 토지를 사용할 수 있는 권리

분묘기지권(대법원 2001. 8. 21. 선고 2001다28367 판결)
분묘를 수호하고 봉제사하는 목적을 달성하는 데 필요한 범위 내에서 다른 사람의 토지를 사용할 수 있는 권리. 법이 아닌 관습법과 판례를 통해 인정되고 있는 권리.

경매 부동산에 설정된 법정지상권 및 분묘기지권은 그 설정된 시기와 순위에 관계없이 경매 낙찰자에게 인수된다.

경매 초보도
꼭 알아야 하는 유치권

경매물건을 검색하다 보면 간혹 매각물건명세서의 하단 비고란에 '유치권 신고'에 대한 내용이 나온다. 유치권은 자주 있는 사례가 아니고 또 경매 초보자 입장에서는 굳이 위험성이 있는 유치권 물건에 관심을 가질 필요는 없다. 다만 유치권은 다른 물권과 달리 매각물건명세서에 별도로 기재를 할 정도로 중요한 의미가 있기에 공부해 둘 필요가 있다. 언제까지 경매 초보로만 머물러 있지는 않을 것이기 때문이다.

유치권의 의미

유치권은 「민법」제320조 제1항과 제321조에 그 성립요건과 불가분성에 대해 나와 있다. '유치권'이란 타인의 물건이나 유가증권을 점유한 자가 그 물건이나 유가증권에 관해 생긴 채권이 변제기에 있는 경우에 그 채권을 변제받을 때까지 그 물건이나 유가증권을 유치할 수 있는 권리를 말한다(「민법」제320조 제1항).

유치권의 핵심은 과연 해당 유치권이 성립요건을 잘 지켜서 인정되는 상황인지를 파악하는 것이다. 유치권의 성립요건이 충족되어야 법률효과로서 점유할 권리가 발생하기 때문이다. 유치권의 성립요건을 자세히 나누어보면 다음과 같다.

- **타인의 물건 또는 유가증권**
- **타인의 물건을 점유**
- **물건과 피담보채권 간의 견련관계 존재**
- **피담보채권이 존재**

여기서 '점유'란 사회통념상 어떤 사람의 사실적 지배에 있다고 보이는 객관적 관계를 말하는 것이다. ①물건과 일정한 공간적 관계, ②타인의 지배를 배제할 수 있는 상태, ③어느 정도 계속적, ④외부로부터 인식 가능성을 갖추어야 한다.

그래서 점유의 계속성을 인정받기 위해서는 24시간 점유하거나 아니면 주간점유 및 야간 잠금장치 등을 갖추어야 한다. 잠금장치만 한 후에 관리하지 않는다면 점유를 인정받을 수 없다.

안전한 점유형태는 경매개시결정등기 전부터 점유를 기산할 수 있어야 하고, 직접 상주하거나 아니면 경비용역업체를 통한 경비로 타인의 지배를 배제해야 한다. 마지막으로 유치권을 주장하는 안내문을 부착해야 한다.

그러므로 유치권이 부정되는 경우도 상당하다. 유치권이 부정되는 사례로는 다음의 경우가 있다.

- 점유 자체가 불법행위로 기인한 경우(「민법」 제320조 제2항)
- 채무자의 승낙 없이 유치권자가 그 물건에 대해 사용 수익(「민법」 제324조 제3항)
- 강제경매개시결정 이후 점유할 경우(대법원 2005다22688 판결)
- 계약상 유치권자가 유치권 포기 각서를 제출하는 경우

경매에 있어 유치권의 중요성

부동산 경매에 있어 유치권은 굉장히 주의를 요하는 물건이다.

첫 번째 이유는 경매물건에 설정된 효력 있는 유치권은 등기 순위에 상관없이 매수인에게 인수되기 때문이다(「민사집행법」 제91조 제5항). 일반적인 물권의 경우 등기 순위에 따라서 낙찰자인 매수인에게 인수되는지가 결정된다. 즉 말소기준권리 뒤에 설정된 전세권이나 저당권 등의 권리는 경매 절차를 통해 말소된다.

그러나 유치권의 경우 설정된 날짜가 말소기준권리보다 후순위라고

할지라도, 순위에 상관없이 경매 낙찰자가 변제해야 한다. 유치권은 채무의 변제가 있을 때까지 그 채무와 관련이 있는 물건을 유치할 수 있으므로 아무리 유치권이 선순위 권리보다 뒤에 생긴 권리일지라도 사실상의 우선변제를 받을 힘을 지닌다고 표현한다.

두 번째 이유는 일정한 요건을 갖추면 법률상 당연히 성립하는 법정담보물권이기 때문이다. 즉 약정담보물권인 질권이나 저당권과 다르고, 당사자 사이의 합의나 등기가 필요 없이 점유만으로 성립한다. 임차권처럼 전입신고 및 확정일자 등 별도의 신고가 필요한 것도 아니다. 즉 등기사항증명서상으로는 유치권의 존재를 확인할 수 없기에 반드시 별도로 확인이 필요하다. 주로 매각물건명세서의 비고란을 통해 유치권의 성립 여부가 표시되어 있다.

허위 유치권도 다수 존재한다

이처럼 유치권은 성립 날짜와 관계없이 사실상 최우선변제의 효력을 갖는 강력한 물권이고, 등기사항증명서에 표시가 되지 않아도 성립하는 권리이기에 조심해야 하는 사항이다.

그러나 의외로 유치권 권리신고는 어렵지 않다. 경매 절차에서 배당요구종기까지 권리신고 및 배당요구를 해야만 권리행사가 가능한 채권과 달리, 담보물권인 유치권은 언제든지 신고할 수 있다. 따라서 매각기

수원지방법원 성남지원

2021타경57464

매각물건명세서

사 건	2021타경 2022타경 (중복) 부동산임의경매		매각 물건번호	1	작성 일자	2023.02.13	담임법관 (사법보좌관)		
부동산 및 감정평가액 최저매각가격의 표시	별지기재와 같음		최선순위 설정	2019.5.24.근저당설정			배당요구종기	2021.11.09	

부동산의 점유자와 점유의 권원, 점유할 수 있는 기간, 차임 또는 보증금에 관한 관계인의 진술 및 임차인이 있는 경우 배당요구 여부와 그 일자, 전입신고일자 또는 사업자등록신청일자와 확정일자의 유무와 그 내용

점유자의 성 명	점유부분	정보출처 구 분	점유의 권 원	임대차기간 (점유기간)	보 증 금	차 임	전입신고일자,사업 자등록 신청일자	확정일자	배당요구여부 (배당요구일자)
				조사된 임차내역없음					

※ 최선순위 설정일자보다 대항요건을 먼저 갖춘 주택·상가건물 임차인의 임차보증금은 매수인에게 인수되는 경우가 발생 할 수 있고, 대항력과 우선변제권이 있는 주택·상가건물 임차인이 배당요구를 하였으나 보증금 전액에 관하여 배당을 받지 아니한 경우에는 배당받지 못한 잔액이 매수인에게 인수되게 됨을 주의하시기 바랍니다.

등기된 부동산에 관한 권리 또는 가처분으로 매각으로 그 효력이 소멸되지 아니하는 것

매각에 따라 설정된 것으로 보는 지상권의 개요

비고란
1. 본 건 토지상의 수목 등은 토지가격에 포함하여 매각함.
2. 본 건 소유자 비상의 이동 가능한 컨테이너 1동이 소재하나, 이에 구애됨이 없이 감정평가 함.
3. 주식회사   (경기 광주시   )이 공사대금 380,000,000원을 위하여 유치권신고를 하였으나 그 성립 여부는 불분명함.
4. 매수신청보증금 20%

일 직전이 되어서야 유치권 권리신고서가 접수되는 경우가 왕왕 있고, 이 경우 입찰 참여자가 위험하다고 인식해 유찰되는 사례가 많다.

그렇기 때문에 경매물건에서 신고된 유치권 중 상당수는 허위 유치권일 가능성이 크다. 완전히 소송사기의 의도로 조작된 유치권이 아닐지라도, 유치권의 성립요건이 까다롭기 때문에 유치권이 성립되지 않는 채권자인 경우도 많다. 즉 유치권의 성립요건 네 가지 중 하나라도 충족하지 않는다면, 실제 자기 돈이 공사에 투입된 공사대금 채권자일지라도 유치권은 성립하지 않게 된다. 또한 점유 자체가 불법행위로 기인한

경우, 채무자의 승낙 없이 유치권자가 그 물건에 대해 사용 수익하는 경우, 계약상 유치권자가 유치권 포기 각서를 제출하는 경우 유치권은 부인된다.

또한 경매개시결정의 기입등기가 되면 압류의 처분금지효력이 발생한다. 이 시점 이후에 공사대금 채권자가 채무자(부동산의 소유자)와 협의해 점유를 이전받는다면 유치권은 성립하지 않는다. 왜냐하면 이 경우 점유의 이전 자체가 압류의 처분금지효에 저촉되기 때문이다(대법원 2005. 8. 19. 선고 2005다22688 판결 건물명도, 대법원 2006. 8. 25. 선고 2006다22050 판결 토지인도).

이런 경우 유치권이 신고되었다고 무조건 입찰 참여를 포기할 것이 아니라, 유치권이 정말 적법하게 성립했는지를 판단하고 허위 유치권으로 확인되는 경우 적절한 가격에 입찰해 높은 수익을 내기도 한다.

세금을 통한 권리분석

당해세 압류가 있으면 조심하자

당해세란 매각 부동산 자체에 대해서 부과된 조세와 그 가산금을 말한다. 당해세로 인정되는 국세로는 상속세, 증여세, 종합부동산세가 있고, 지방세로는 재산세, 자동차세, 지방교육세 등이 있다. 여기서 조세채권의 법정기일은 신고일, 납세고지서 발송일, 납세의무확정일 등을 의미한다(「국세기본법」제35조 제2항).

등기사항증명서 권리분석을 할 때 세무서나 지방자치단체 명의로 조세채권 압류가 걸려 있는 경우를 종종 볼 수 있다. 조세채권의 경우에도 일반적으로는 등기된 순서에 따라서 배당을 받게 된다. 당해세가 아닌 국세, 지방세(부가가치세, 법인세, 취득세, 등록세, 양도소득세 등)의 경우에는 조세의 법정기일과 다른 담보물권의 설정일자와 비교해 배당 순위가

청약보다 쉬운 아파트 경매 책

결정된다.

그러나 조세채권 중 당해세의 경우 순서에 상관없이 당해세 우선원칙에 따라 그 법정기일 전에 설정된 저당권 등 담보된 채권보다 우선하게 된다. 당해세에 대해서는 국가 예산의 원활한 확보를 위해 우선 징수권을 보장한 것이다.

문제는 조세채권의 종류, 체납된 금액 등은 등기사항증명서나 매각물건명세서에 나와 있지 않아 제대로 알기가 어렵다는 점이다. 입찰 참여자로서는 압류된 조세의 종류가 당해세인지의 여부, 체납 금액을 알 수 없어 위험성이 존재한다.

임차보증금이 국세보다 우선하게 변경

제35조(국세의 우선)
⑦「주택임대차보호법」에 따라 대항요건과 확정일자를 갖춘 임차권에 의하여 담보된 임대차보증금반환채권은, 그 확정일자보다 법정기일이 늦은 해당 재산에 대하여 부과된 국세의 우선 징수 순서에 대신하여 변제될 수 있다.

2023년 4월 1일부터 부동산 경매에서 국세 체납과 임차인의 보증금 간의 우선순위 관련 큰 변화가 생겼다. 「국세징수법」과 「국세기본법」을 통해 임차인의 권리를 보호하기 위함이다. 과거에는 부동산이 경매에 넘어가면 보증금보다 당해세가 우선했었는데, 이제는 일정한 경우 임차인의 보증금이 국세보다 우선해 배당받을 수 있게 된다.

「국세기본법」 제35조 제7항이 신설되어, 경매 및 공매 진행 시 임차인의 확정일자보다 법정기일이 늦은 국세의 경우 임차보증금이 국세보다 우선해 배당받게 된다. 여기서의 국세는 당해세로서 상속세, 증여세, 종합부동산세를 말한다.

이 법률이 시행되기 전에는 경매 절차에서 부동산 소유자의 당해세 체납액은 세입자의 임차보증금보다 배당순위가 우선했다. 임대차계약을 맺을 때, 집주인의 동의가 없다면 체납 국세를 확인할 수도 없는 상황에서 체납 국세가 있다면 임차보증금이 후순위로 밀리므로 임차인은 고스란히 그 피해를 받을 수밖에 없었다. 또한 집주인이 체납액 열람에 동의해 국세 체납액이 없다는 것을 확인했더라도, 그 이후 생긴 당해세는 세입자의 우선변제권보다 우선했다.

그러나 개정된 「국세기본법」이 시행되면서, 세입자의 확정일자가 더 앞선다면 임차인은 보증금을 우선해 경매에서 배당받을 수 있게 되어 임차인의 보호가 강화되었다고 볼 수 있다. 이는 지방세에서도 똑같이 적용된다.

집주인의 세금 체납 조회 가능

국세징수법 제109조 핵심 개정내용(시행일: 2023.4.1.)

제109조(미납국세 등의 열람)

임대차계약을 체결한 임차인으로서 임차보증금이 대통령령으로 정하는 금액을 초과하는 자는 임대차 기간이 시작하는 날까지 임대인의 동의 없이도 임대인의 국세체납액 열람을 관할 세무서장에게 신청할 수 있다.

또한 2023년 4월 1일부터 임차인은 집주인의 국세 체납을 집주인 동의 없이 조회할 수 있게 된다. 그동안 임차인은 집주인과 임대차계약을 맺으면서, 집주인이 얼마의 국세를 체납했는지 확인할 길이 없었다. 이러한 불합리함이 시정되는 것이다.

집주인의 채무 중 부동산을 통해 변제되는 채무는 저당권, 압류, 가압류 등을 통해 등기사항증명서에 기록되기에 누구나 쉽게 확인할 수 있다. 그러나 집주인의 체납된 세금은 집주인의 동의를 얻어야 확인할 수 있었다. 그러나 이번 개정안이 시행되면서 집주인의 동의 없이 국세 체납액을 열람할 수 있게 되었다.

임대차계약을 체결한 임차인으로서 해당 계약에 따른 보증금이 1천만 원을 초과하는 사람은 임대차 기간이 시작하는 날까지 임대인의 동의 없이도 미납국세 열람 신청을 할 수 있다. 이 경우 신청을 받은 세무서장은 열람 내역을 바로 임대인에게 통지해야 한다.

이러한 법률 개정의 취지는 최근 많은 임차인이 전세사기, 깡통전세 등으로 전세보증금을 잃는 사례가 많아서 임차인을 보호하기 위함이다. 특히 수백 채에서 수천 채에 이르는 빌라왕 전세사기 사건 등으로 임차인에 대한 보증금 미반환이 사회적 문제가 되고 있다. 빌라 수백 채를 소유한 집주인의 중과세율을 적용받는 고액의 종합부동산세와 같은 국세가 임차인의 보증금보다 경매에서 우선했기 때문에 임차인은 구제받을 길이 없었다. 이러한 임차인 보호제도의 시행은 경매 절차의 세금 권리 분석에도 많은 변화를 줄 것이다.

정말 중요한
임차인 권리분석

임차인 권리분석이 중요한 이유

앞서 우리는 등기사항증명서 권리분석을 통해 부동산에 대한 채권자들의 권리가 경매를 통해 말소 또는 인수되는지를 배웠다. 말소기준권리가 등기사항증명서상에서 가장 위에 있다면, 유치권 등 특수한 권리가 존재하지 않는 한 안전한 물건임을 확인했다.

이러한 권리분석을 한 뒤에 이제 임차인 권리분석을 추가로 검토할 수 있어야 한다. 임차인 권리분석이란 경매 부동산에 임차인이 거주하고 있는지, 임차인이 있다면 경매 이후 임차인이 계속 거주할 수 있는지, 임차인의 전세보증금을 내가 인수해야 하는지 등을 따져보는 것을 말한다.

등기사항증명서 권리분석과 임차인 권리분석을 별도로 해야 하는 이유는 등기사항증명서에는 임차인에 관한 내용이 나와 있지 않기 때문이

▮ 매각물건명세서 ▮

서 울 중 앙 지 방 법 원

2020타경

매각물건명세서

사 건	2020타경 2022타경	부동산임의경매 2022타경	매각 물건번호	2	작성 일자	2023.02.28	담임법관 (사법보좌관)		
부동산 및 감정평가액 최저매각가격의 표시	별지기재와 같음		최선순위 설정	2014.09.25.근저당권			배당요구종기	2020.06.29	

부동산의 점유자와 점유의 권원, 점유할 수 있는 기간, 차임 또는 보증금에 관한 관계인의 진술 및 임차인이 있는 경우 배당요구 여부와 그 일자, 전입신고일자 또는 사업자등록신청일자와 확정일자의 유무와 그 일자

점유자 성 명	점유 부분	정보출처 구 분	점유의 권 원	임대차기간 (점유기간)	보 증 금	차 임	전입신고 일자, 사업자등록 신청일자	확정일자	배당 요구여부 (배당요구일자)
	401호	현황조사	주거 임차인		50,000,000	300,000			
	401호	권리신고	주거 임차인	2012.04.05~	50,000,000	300,000	2012.04.05	2020.03.20.	2020.06.24

〈비고〉
　　　　　'외국국적동포'로서 '재외동포의 출입국과 법적 지위에 관한 법률' 제6조에 따라 국내거소신고를 하였
으므로(같은 법 9조, 10조 4항), 주택임대차보호법에 규정된 주민등록과 전입신고 요건이 충족됨.

※ 최선순위 설정일자보다 대항요건을 먼저 갖춘 주택·상가건물 임차인의 임차보증금은 매수인에게 인수되는 경우가 발생 할
수 있고, 대항력과 우선변제권이 있는 주택·상가건물 임차인이 배당요구를 하였으나 보증금 전액에 관하여 배당을 받지 아니한
경우에는 배당받지 못한 잔액이 매수인에게 인수되게 됨을 주의하시기 바랍니다.

등기된 부동산에 관한 권리 또는 가처분으로 매각으로 그 효력이 소멸되지 아니하는 것
해당사항없음
매각에 따라 설정된 것으로 보는 지상권의 개요
해당사항없음
비고란

주1 : 매각목적물에서 제외되는 미등기건물 등이 있을 경우에는 그 취지를 명확히 기재한다.
　2 : 매각으로 소멸되는 가등기담보권, 가압류, 전세권의 등기일자가 최선순위 저당권등기일자보다 빠른 경우에는 그 등기일자를
기재한다.

다. 임차인과 관련된 내용을 확인하기 위해서는 경매법원의 '매각물건명세서'라는 서류를 찾아보아야 한다.

법원경매 사이트에서 매각기일 7일 전에 누구나 매각물건명세서를 확인할 수 있다. 임차인이 없다면 '조사된 임차 내역 없음'이라고 표시되며, 이 경우 임차인 권리분석은 할 필요가 없다. 임차인이 있다면 점유자

청약보다 쉬운 아파트 경매 책

성명과 보증금, 임대차 기간, 전입신고일자, 확정일자, 배당요구여부 등
이 표시되어 있게 된다. 우리는 이 내용을 바탕으로 임차인 권리분석을
살펴보면 된다.

임차인 권리분석을 해야 하는 이유

임차권은 채권에 불과해 물권만큼의 보호를 받지 못하는 게 원칙이다.
대부분 물권은 등기사항증명서에 공시되기에 누구나 확인할 수 있지만,
임차권은 채권으로 등기사항증명서에 공시되지 않기에 강력하게 보호
받지 못하는 것이다.

그래서 이러한 임차인의 약한 권리를 보호해주기 위해서 「주택임대
차보호법」이 존재한다. 어찌 보면 집주인과 비교하면 약자의 지위에 있
는 임차인을 보호하고 국민의 주거생활 안정을 도모하기 위해서 임차권
에 물권에 상응하는 수준의 대항력을 부여하는 것이다. 구체적으로 「주
택임대차보호법」은 임차인에게 아래의 세 가지 권리를 부여하고 있다.

① 대항력: 임차 주택이 경매 등으로 소유권이 이전되더라도 임차인이 제3자에게도
  대항할 수 있는 권리
② 우선변제권: 후순위권리자나 기타 일반 채권자보다 임차보증금을 먼저 배당받을
  수 있는 권리

③ 최우선변제권: 우선변제권 요건을 갖추지 못하더라도 일정 금액까지는 최우선으로 배당받을 수 있는 권리

이 권리들이 있는 임차인인지, 아니면 이러한 권리가 없는 임차인인지를 판단하는 것이 권리분석이다. 지금부터 이 세 가지 권리를 하나씩 살펴보자.

1. 대항력

대항력 = 주택의 점유(인도) + 전입신고(주민등록)
(전입신고는 말소기준권리보다 먼저 되어야 한다)

「주택임대차보호법」 제3조 제1항 나온 대항력은 임차인이 임차주택의 양수인 등 제3자에게 임대차의 내용을 주장할 수 있는 법률상의 힘을 말한다. 그리고 경매 절차에서는 임차인이 낙찰자에게 임차할 수 있는 권리를 주장할 수 있는 것을 말한다. 이러한 대항력은 요건인 전입신고와 주택의 인도를 갖추면 그다음 날 0시부터 제3자에 대한 대항력이 생긴다.

즉 주택이 경매를 이유로 낙찰자에게 소유권이 이전되더라도 그 주택에 살고 있는 임차인은 제3자인 낙찰자에게 자신의 임차권을 대항할 수 있는 것이다. 대항력이 있는 임차인은 낙찰자로부터 자신의 보증금을

청약보다 쉬운 아파트 경매 책

전부 돌려받을 때까지 주택의 점유를 이전해주지 않아도 된다.

어찌 보면 경매에서 임차인은 무고한 사람이다. 집주인이 돈을 갚지 못한 것일 뿐, 임차인은 공연히 거주하고 있을 뿐이다. 주택이 경매로 넘어갔다고 해서 임차할 권리를 잃게 된다면 너무나 억울할 것이다. 따라서 경매로 집주인이 낙찰자로 바뀌더라도, 낙찰자에게 부동산을 점유할 수 있는 권리와 보증금을 받을 수 있는 권리를 주장할 수 있게 하는 힘이 대항력이다.

다만 대항력의 요건인 전입신고와 주택의 인도(점유)는 말소기준권리보다 선순위이어야 한다. 즉 아무리 대항력 요건을 갖추었다고 할지라도, 선순위 저당권이 설정된 뒤에 대항력 요건을 갖춘다면 대항력이 발생하지 않는다. 따라서 매각물건명세서를 통해 전입신고 날짜가 말소기준권리보다 선순위인지를 꼭 파악해야 한다.

2. 우선변제권

우선변제권 = 주택의 점유(인도) + 전입신고(주민등록) + 확정일자 + 배당요구

「주택임대차보호법」 제3조의2 제2항의 우선변제권은 임차주택이 경매되는 경우, 우선변제권이 있는 임차인은 임차주택의 경락대금에서 후순위권리자나 그 밖의 채권자보다 우선해 보증금을 변제받을 권리를 말한다.

임차인이 앞서 본 대항요건을 갖추고, 확정일자까지 받으면 그 임차인은 우선변제권을 가지게 된다. 여기서 우선변제권의 효력은 대항력 요건과 확정일자 중 늦은 날을 기준으로 발생한다. 원래 임차권은 채권이기 때문에 저당권, 전세권과 같은 물권보다 앞서서 배당받을 수 없다. 하지만 확정일자를 갖춘 임차권은 물권의 특징인 우선변제권을 부여함으로써 강력하게 보호해주는 것이다. 즉 우선변제권을 갖춘 시기가 말소기준권리보다 앞선다면 임차인은 뒤의 저당권, 전세권 등 물권보다 먼저 배당받을 수 있다.

그리고 실제 임차인이 우선변제권을 통해 배당받기 위해서는 임차 부동산의 경매 과정에서 법원에서 정한 배당요구종기일 이전에 임차보증금 배당요구를 해야 한다. 즉 경매 입찰 참여자는 배당요구종기일 이전에 임차인이 배당요구를 했는지를 확인해야 한다. 우선변제권이 있는 임차인이더라도 배당요구를 하지 않는다면, 배당금을 받고 나가겠다는 것이 아니라 그 경매 부동산에서 거주하겠다는 의미이고, 이 경우 낙찰자는 임차권을 인수하게 된다.

3. 최우선변제권

최우선변제권이란 소액임차인의 경우 확정일자를 받지 못해 우선변제권이 없는 경우라고 할지라도, 대항요건을 갖추고 있다면 낙찰가격의 1/2 범위 내에서 다른 선순위권리자보다 일정 금액을 우선 배당받을 수 있도록 하는 권리다.

법령이 정하는 소액임차인에 해당되고, 경매신청의 원인이 된 권리의 등기 전에 주택의 인도와 주민등록을 마쳐 대항력을 갖고 있는 경우, 최우선으로 보증금 일부를 변제받을 수 있는 것이다. 소액임차인이 실제 배당받기 위해서는 경매 절차에서 집행법원에 배당요구종기일 전까지 배당요구를 해야 한다.

최우선변제권의 대항요건이 기준일이므로 최우선변제권을 받고자 하는 지금을 기준으로 삼는 것이 아니라 말소기준권리 중 가장 **빠른** 권리 기준일(담보물권 설정된 날) 당시의 소액임차인 범위와 최우선 변제금에 해당하는지를 꼭 확인해야 한다.

∥ 소액임차인 적용 보증금 및 최우선변제금 ∥

(단위: 만 원)

담보물권 설정일	지역	소액임차인 적용 보증금	최우선변제금
1984. 1. 1. ~ 1987. 11. 30.	특별시, 광역시	300	300
	그 밖의 지역	200	200
1987. 12. 1. ~ 1990. 2. 18. ~	특별시, 광역시	500	500
	그 밖의 지역	400	400
1990. 2. 19. ~ 1995. 10. 18.	특별시, 광역시	2,000	700
	그 밖의 지역	1,500	500
1995. 10. 19. ~ 2001. 9. 14.	특별시, 광역시	3,000	1,200
	그 밖의 지역	2,000	800
2001. 9. 15. ~ 2008. 8. 20.	수도권 중 과밀억제권역	4,000	1,600
	광역시(군 지역과 인천시 제외)	3,500	1,400
	그 밖의 지역	3,000	1,200

4장 치밀하게 분석하자! 경매 권리분석

기간	지역		
2008. 8. 21.~ 2010. 7. 25.	수도권 중 과밀억제권역	6,000	2,000
	광역시(군 지역과 인천시 제외)	5,000	1,700
	그 밖의 지역	4,000	1,400
2010. 7. 26.~ 2013. 12. 31.	서울특별시	7,500	2,500
	수도권 중 과밀억제권역 (서울시 제외)	6,500	2,200
	광역시(과밀억제권역, 군 지역 제외), 안산시, 용인시, 김포시, 광주시	5,500	1,900
	그 밖의 지역	4,000	1,400
2014. 1. 1.~ 2016. 3. 30.	서울특별시	9,500	3,200
	수도권 중 과밀억제권역 (서울시 제외)	8,000	2,700
	광역시(과밀억제권역, 군 지역 제외), 안산시, 용인시, 김포시, 광주시	6,000	2,000
	그 밖의 지역	4,500	1,500
2016. 3. 31.~ 2018. 9. 17.	서울특별시	10,000	3,400
	수도권 중 과밀억제권역 (서울시 제외)	8,000	2,700
	광역시(과밀억제권역, 군 지역 제외), 안산시, 용인시, 김포시, 광주시	6,000	2,000
	그 밖의 지역	5,000	1,700
2018. 9. 18.~ 2021. 5. 10.	서울특별시	11,000	3,700
	수도권 중 과밀억제권역 (서울시 제외)	10,000	3,400
	광역시(과밀억제권역, 군 지역 제외), 안산시, 김포시, 광주시, 파주시	6,000	2,000
	그 밖의 지역	5,000	1,700

청약보다 쉬운 아파트 경매 책

2021. 5. 11. ~ 2023. 2. 20.	서울특별시	15,000	5,000
	수도권 중 과밀억제권역, 용인, 화성, 세종, 김포 포함	13,000	4,300
	광역시(군 지역 제외), 안산, 광주, 파주, 이천, 평택 포함	7,000	2,300
	그 밖의 지역	6,000	2,000
2023. 2. 21. ~	서울특별시	16,500	5,500
	수도권 중 과밀억제권역, 용인, 화성, 세종, 김포 포함	14,500	4,800
	광역시(군 지역 제외), 안산, 광주, 파주, 이천, 평택 포함	8,500	2,800
	그 밖의 지역	7,500	2,500

4장 치밀하게 분석하자! 경매 권리분석

위장임차인은
이렇게 구별하자

「주택임대차보호법」은 사회적 약자인 임차인을 강력하게 보호해주고 있다. 채권에 불과한 임차권일지라도 대항요건과 확정일자를 갖추면, 대항력과 우선변제권을 부여해 후순위 물권자보다 임차인의 권리가 우선할 수 있으며 배당에서도 선순위 권리를 갖게 될 수 있다.

이러한 강력한 임차인 보호제도를 악용하는 경우가 바로 위장임차인이다. 자주 있는 경우는 아니지만, 경매 절차에서 불측의 손해를 볼 수도 있기에 알아두어야 한다. 위장임차인은 세 가지로 나눌 수 있다.

① 소극적 위장임차인 – 위장임차인 의도 없으나 실무상 발생

② 임차인의 대항력을 이용해 낙찰자에게 임차보증금액을 요구하는 경우

③ 경매 절차에서 임차인의 존재가 공시되도록 해 여러 번 유찰시킨 뒤 직접 또는 주변인을 이용해 저가에 낙찰받는 경우

▌ 매각물건명세서상 임차인 점유관계 안내 ▌

부동산의 현황 및 점유관계 조사서

1. 부동산의 점유관계

소재지	1. 서울특별시 서초구 방배
점유관계	임차인(별지)점유
기타	현지출장 폐문부재로 거주자 확인 못함.전입세대열람내역 및 주민등록표등본에 등재된 사람(송미선)이 일응 임차인으로서 점유하는 것으로 추정됨.점유관계 별도 확인이 필요함.

임대차관계조사서

1. 임차 목적물의 용도 및 임대차 계약등의 내용

[소재지] 1. 서울특별시 서초구 방배

	점유인	송		당사자구분	임차인
1	점유부분			용도	주거
	점유기간				
	보증(전세)금			차임	
	전입일자	2015.01.15		확정일자	미상

2. 기타

현지출장 폐문부재로 전입세대열람내역 및 주민등록표등본에 등재된 사람(송미선)을 일응 임차인으로 보고함.

소극적 위장임차인

소극적 위장임차인이란 임차인으로 위장할 의도가 전혀 없음에도 실무상 집행관의 현황조사에서 100% 정확하게 조사하는 것이 불가능함에 따라 발생한다. 경매 부동산에 소유자와 세대를 달리하는 전입신고자가 있는 경우, 법원은 현장조사를 통해 임차인인지가 명백하면 매각물건명세서 등에 임차인 존재를 공지한다.

그러나 폐문부재 등으로 정확한 임차인조사가 이루어지지 못하는 경우, 법원은 "전입신고된 ○○씨가 있으나 점유 및 임대차 여부는 알 수 없음", "전입일상 대항력 있으므로 보증금 있는 임차인일 경우 인수 여지 있음" 등의 경고 문구를 기재한다.

대부분 실제 적법한 권리를 가진 임차인이겠지만, 간혹 위장임차인이 있을 수 있다. 이런 임차인은 위장 의도가 없는 소극적 위장임차인일 수도 있고, 적극적 위장임차인일 수도 있다.

소극적 위장임차인의 경우 단순히 소유주의 가족일 가능성이 크고, 실제 명도 과정에서도 아무런 문제가 발생하지 않을 수 있다. 예컨대 단지 점유자일 뿐 소유주의 가족이어서 임차보증금 자체가 없기 때문이다. 그러나 적극적 위장임차인일 경우 낙찰자에게 큰 손해를 발생시킬 수 있기에 반드시 확인해야 한다.

적극적 위장임차인

적극적 위장임차인이란 임차인을 강력하게 보호하는 대항력을 악용하는 임차인이다. 구체적으로 살펴보자면, 실상은 부동산 소유자와 부부 또는 가족관계임에도 불구하고 전입신고가 최선순위로 되어 있는 것을 이용하는 것이다. 이들은 보통 허위의 임대차계약서를 작성하고 법원에 임대차 권리를 신고하게 된다. 즉 부부관계 또는 부자관계, 형제관계에 있는 자들이 위장임차인으로 많이 행세한다. 또 간혹 가족관계가 아님에도 소유자와 통정해 허위 계약서를 작성해 신고하는 경우도 있다.

위장임차인이 대항력 있는 임차인 것처럼 행세하는 경우, 낙찰자는 경매 절차가 끝난 뒤에도 임차보증금을 인수해야 하는 위험이 생긴다.

청약보다 쉬운 아파트 경매 책

원래는 대항력이 없거나 임대차계약 자체가 허위이므로 낙찰자가 임차보증금을 부담할 이유가 전혀 없음에도 보증금을 지급하는 위험이 발생할 수 있는 것이다.

그리고 이러한 위험성을 인지하는 경매 입찰 참여자들은 아예 해당물건에 입찰하지 않을 것을 노린다. 이를 통해 대항력 있는 임차인이 있는 것으로 착각하고 해당 보증금액만큼 가격이 내려가길 기다리는 것이다. 이렇게 입찰가가 떨어지는 것을 악용해 위장임차인의 측근이 저가에 낙찰받는 것 역시 적극적 위장임차인의 수법이다.

그렇다면 이러한 위장임차인은 어떻게 파악할 수 있을까?

1. 전입신고일과 확정일자일 사이에 오랜 시간이 경과한 경우

임차인의 전입신고일과 확정일자일 사이에 오랜 시간이 경과했고, 그 사이에 저당권이 설정되어 있거나 다수 채무가 발생했다면 위장임차인으로 의심할 여지가 있다. 보통 임차인은 전입신고와 함께 확정일자를 받게 된다. 굳이 확정일자를 미뤄서 우선변제권 발생일자를 늦출 이유가 없기 때문이다. 또한 공인중개사를 통한 임대차계약이 일반적이어서 이러한 기본적인 사항을 공인중개사가 계약 시 언급하기 때문에 이를 빠뜨리는 경우는 많지 않다. 나아가 전입신고 시 주민센터에서 확정일자도 할 것인지를 물어보기도 해서 이를 누락하는 경우는 많지 않다.

만약 위장임차인으로서 소유주의 가족이라면 굳이 확정일자를 받지 않을 가능성이 크다. 예컨대 소유자와 임차인이 부자관계라면 전입신고만 할 것이고 임대차보증금을 주고받지도 않을 테니 임대차계약서도 없을 것이다. 그러한 상황에서 소유자가 부동산을 담보로 대출을 받은 뒤 경제적으로 어려운 상황이 생긴다면, 나중에 임차인인 아들로 하여금 확정일자를 받게 하고 허위의 임대차계약서를 소급작성해 경매에서 대항력 있는 임차인으로 행세할 수 있는 것이다.

2. 선순위 보증금액과 후순위 저당권액이 감정가를 초과하는 경우

선순위의 대항력 있는 임차인의 임차보증금과 후순위 저당권에 기한 대출금액을 합산했을 때 감정가를 넘어서는 만큼 대출을 해주는 은행은 없다. 이 경우 추후 대출금을 변제하지 못했을 때 은행이 경매에서 대출금 전액을 배당받을 수 없기 때문이다. 은행은 대출을 마음대로 해주는 것이 아니라, 내부규정에 따라 부동산 감정가 또는 시세의 50~80%만을 대출해줄 수 있으므로 당연히 선순위 보증금을 제하고 남은 부동산 금액의 한도에서 규정에 따라 대출을 해준다.

만약 선순위 임차인이 있음에도 은행이 거액의 대출을 해주었다면, 해당 임차인은 대항력 있는 임차인이 아닐 것이다. 가족관계이고 임대차 관계가 없다는 사실을 은행에서 확인하고 대출을 해주었을 것이기 때문이다. 이는 은행이 무상임대차각서, 무상거주확인서 등을 받음으로 인해 가능했을 것이기 때문이다. 따라서 이러한 경우 위장임차인 또는 대항력 없는 임차인일 가능성이 매우 크다.

3. 임차인 전입신고 후 소유자 주소 변동이 없는 경우

부동산 소유자가 부동산을 임차인에게 임대를 주고 다른 곳으로 이사를 하면 등기사항증명서의 소유자의 주소에 변동이 발생한다. 그런데 임차인이 해당 부동산에 전입신고를 했음에도 소유자의 주소가 같은 부동산 주소로 유지되고 변동이 없다면 그곳에서 계속 소유자가 거주하고 있다고 볼 수 있으므로 임차인과 가족관계일 가능성이 있다. 가족관계인데도 임대차계약서를 작성하고 보증금에 대한 권리를 주장하는 것은 이례적인 것이므로 위장임차인으로 의심해볼 수 있다.

4. 임차보증금이 임대차계약을 체결할 당시의 시세로서 적정한지 확인

임차인의 전입신고 일자가 경매개시일보다 5~6년 앞서 설정되었다면, 임차보증금의 시세가 5~6년 전 시세인지 확인할 필요가 있다. 5~6년 전의 보증금 시세는 거의 현재의 1/2인 경우도 있는데 만약 현재의 시세를 반영한 보증금이 임대차계약서에 적혀 있다면 허위계약서일 가능성이 크다. 보통은 2년마다 임대차계약을 갱신하면서 보증금액을 증액하는 경우가 많다. 이러한 사실 없이 5~6년 전부터 과다한 금액으로 보증금을 설정했다면 이례적인 상황일 것이기 때문이다.

위장임차인 해결방법

형법 제315조(경매, 입찰의 방해)
위계 또는 위력 기타 방법으로 경매 또는 입찰의 공정을 해한 자는 2년 이하의 징역 또는 700만 원 이하의 벌금에 처한다.

형법 제327조(강제집행면탈)
강제집행을 면할 목적으로 재산을 은닉, 손괴, 허위양도 또는 허위의 채무를 부담하여 채권자를 해한 자는 3년 이하의 징역 또는 1천만 원 이하의 벌금에 처한다.

형법 제347조(사기)
①사람을 기망하여 재물의 교부를 받거나 재산상의 이익을 취득한 자는 10년 이하의 징역 또는 2천만 원 이하의 벌금에 처한다.

위장임차인에게는 「형법」상 경매입찰방해죄, 강제집행면탈죄, 사기죄가 성립할 수 있다. 허위 임대차계약을 통해 대항력 있는 임차인으로 위장한다면 경매의 공정한 진행을 방해하게 되어 적정한 가격에 경매물건이 매각될 수 없고 이는 경매채권자들과 경매 참여자들에게 큰 손해를 끼치므로 이러한 행위는 형사처벌의 대상이 되는 것이다.

위장임차인은 적법한 권리가 없으므로 당연히 경매 부동산에서 퇴거해야 할 의무가 있다. 그러므로 위장임차인의 명도 과정은 형사처벌의 대상이 된다는 점을 고지하면 손쉽게 해결할 수 있다.

또한 위장임차인에게는 임대차계약 관련한 증거자료가 불충분할 것이 분명하기에, 임차보증금 지급 증거, 영수증, 입출금 통장사본 등을 요구하면 된다. 또한 은행에 제출된 무상임차각서나 소유자와의 가족관계 자료 등 임차인에 불리한 자료를 수집해 인도명령 절차를 밟으면 대부분 위장임차인에 대한 문제를 해결할 수 있다. 다만 이러한 과정 자체가 경매 참여자로서는 부담일 수 있으므로, 위장임차인에게 적정 이사비를 지급하는 선에서 마무리하는 것도 좋은 방법이다.

실무에서 펼쳐지는
권리분석 Q&A

Q. 선순위 전세권이 있는 물건을 낙찰받았습니다. 전세권이 말소되지 않고 인수된다는데, 이유가 무엇일까요?

선순위 전세권은 경우에 따라 말소와 인수 여부가 나뉘기 때문에 잘 살펴봐야 한다. 앞서 살펴보았지만 말소기준등기 종류로는 저당권, 근저당권, 압류, 가압류, 담보가등기, 경매개시결정등기, 전세권이 있다. 이 중 최선순위에 설정된 권리를 말소기준등기라 부르며, 등기부의 이하 권리들은 매각으로 소멸한다. 예외로 건물만 매각인 경우 '가처분-건물철거 및 토지인도청구권'은 말소되지 않고 인수된다.

여기서 주의할 점은 전세권이다. 전세권이 말소되는 경우는 전세권자가 직접 경매를 신청한 경우 또는 후순위권리자의 경매신청 시 전세권자가 배당요구종기일 내 배당요구를 한 경우에 법원은 전세권자에게 배당을 실시하므로 전세권이 말소된다. 여기서 전액 배당되지 않아도 말

청약보다 쉬운 아파트 경매 책

소되지 잔액은 매수인이 인수하지 않게 된다.

반대로 전세권자가 직접 경매를 신청하지 않은 경우 또는 후순위권리자의 경매신청 시 전세권자가 배당요구를 하지 않으면 배당되지 않으므로 선순위 전세권은 말소되지 않고 매수인에게 인수된다. 따라서 전세보증금 전액과 남은 임차기간을 인수해야 하므로 신중하도록 하자.

Q. 선순위 임차인이 배당요구를 했는데 확정일자가 없다고 배당을 받지 못했는데 왜 낙찰자인 제가 임차인 보증금을 물어줘야 하나요?

임차인이 전입일자는 갖췄는데 확정일자를 갖추지 못한 경우에는 우선변제권이 없어 배당에서 제외된다. 임차인이 가압류를 했거나 소송에서 승소한 판결정본이 있다면 모르지만, 그렇지 않으면 배당요구를 해도 배당을 받지 못하는 것이다.

이 임차인이 선순위라면 대항력은 있기 때문에 배당받지 못한 보증금을 매수인이 인수하게 된다는 점을 꼭 잊지 말자. 이런 권리분석을 제대로 못 했을 경우 낙찰자에게는 정말 큰 손실이 발생하게 된다.

Q. 세대주인 남편의 전입일자가 늦은데, 부인이 먼저 전입했다고 대항력이 있다고 합니다. 이게 무슨 상황입니까?

전형적인 세대합가 유형으로 경락 시 말소기준등기보다 부인의 전입일자가 빠르면 대항력이 있다. 세대합가란 「주택임대차보호법」에 규정하고 있는 주민등록(전입신고)의 대항요건은 임차인 본인뿐 아니라 그

배우자나 자녀 등 가족의 주민등록을 포함한다. 따라서 주택 임차인이 그 가족과 함께 그 주택에 대한 점유를 계속하고 있으면서 그 가족의 주민등록을 그대로 둔 채 임차인만 주민등록을 일시적으로 다른 곳으로 옮긴 경우에는 주민등록의 이탈이라고 볼 수 없어 제3자에 대한 대항력을 상실하지 않는다.

따라서 임차인의 전입일자뿐 아니라 그 가족들의 전입일자도 반드시 확인해야 한다. 임차인의 전입일자가 말소기준등기보다 늦더라도 그 가족 중 일부가 말소기준등기보다 우선해 신고했다면 임차인은 대항력을 갖게 되어 미배당금을 낙찰자가 인수해야 한다.

더불어 지방에 거주하는 부모가 자녀의 학교 문제로 서울에 부친 이름으로 임대차계약을 체결한 후 자녀가 입주하고 전입신고했다면 임차인(부친)이 주민등록을 이전하지 않았어도 대항력을 취득한다.

이른바 점유보조자에 의해 해당 주택이 임대차 목적물이라는 사실이 충분히 공시될 수 있기 때문이다. 이때 점유보조자의 범위는 임차인과 세대를 같이하는 동거가족에 한한다. 같이 동거하고 있더라도 세대를 달리하면 점유보조자의 범위에 포함되지 않는다. 그리고 임대인의 승낙을 받은 전대차에서 전차인도 점유보조자의 범위에 포함된다.

Q. 배당요구하지 않은 선순위 임차인이 2년을 더 산다고 합니다. 어떡하죠?

우선 「주택임대차보호법」에 따른 계약 갱신조항을 살펴보자.

> **주택임대차보호법 제6조(계약의 갱신)**
> ① 임대인이 임대차 기간이 끝나기 6개월 전부터 2개월 전까지의 기간에 임차인에게 갱신거절(更新拒絶)의 통지를 하지 아니하거나 계약조건을 변경하지 아니하면 갱신하지 아니한다는 뜻의 통지를 하지 아니한 경우에는 그 기간이 끝난 때에 전 임대차와 동일한 조건으로 다시 임대차한 것으로 본다. 임차인이 임대차 기간이 끝나기 2개월 전까지 통지하지 아니한 경우에도 또한 같다.
> ② 제1항의 경우 임대차의 존속기간은 2년으로 본다.
> ③ 2기(期)의 차임액(借賃額)에 달하도록 연체하거나 그 밖에 임차인으로서의 의무를 현저히 위반한 임차인에 대하여는 제1항을 적용하지 아니한다.

낙찰자가 해당 주택의 소유권을 취득하는 때는 잔금납부시기이므로 그 전이라면 소유자는 아니다. 잔금납부 후 임대차 잔여기간이 2개월 이상 남은 경우는 낙찰자가 갱신 거절통지를 할 수 있지만, 임차인이 전 소유자에게 계약만료를 통지하지 않았고, 현재 남은 임대차 기간이 2개월 미만이면 묵시적 갱신이 된 것으로 볼 수 있다. 따라서 입찰 전에 미리 임차인의 계약기간을 파악하고 계획을 세워 입찰해야 한다.

참고로 묵시적 갱신이 된 경우라도 임차인은 언제든지 임대인에게 계약해지를 통지할 수 있고, 해지효력은 임대인이 그 통지를 받은 날부터 3개월이 지나면 발생한다.

주택임대차보호법 제6조의2(묵시적 갱신의 경우 계약의 해지)
① 제6조 제1항에 따라 계약이 갱신된 경우 같은 조 제2항에도 불구하고 임차인은 언제든지 임대인에게 계약해지(契約解止)를 통지할 수 있다.
② 제1항에 따른 해지는 임대인이 그 통지를 받은 날부터 3개월이 지나면 그 효력이 발생한다.

Q. 특이한 경우의 대항력 발생 시점에 대해서 알려주세요.

첫째, 이혼한 경우다. 말소기준권리와 전입일만 살펴보면 선순위 임차인인 경우가 있다. 그러나 임차인 부부가 이혼한 경우에는 이를 살펴볼 필요가 있다. 이혼한 날부터 임차인 자격이 생기는 경우 말소기준권리일보다 늦어져서 선순위가 아닌 후순위 임차인이 될 수 있기 때문이다.

둘째, 전 소유자인 경우다. 소유자가 집을 매도하고 나서 바로 임차인으로 거주하는 경우가 있다. 이러한 경우는 소유권을 이전한 날의 다음 날 0시에 대항력이 발생한다.

셋째, 법인인 경우다. 법인이 LH인 경우와 중소기업인 경우를 나눠보겠다. LH의 '저소득층을 위한 전세 임대주택'이 있다. 이는 LH가 보증금을 대부분 부담하고, 실제로 임차인이 들어간 경우다. 이 경우 LH가 선정한 입주자가 주택을 인도받고 주민등록을 마쳤을 때는 대항력을 갖게 된다.

또한 법인이 중소기업일 때만 「주택임대차보호법」상 대항력이 생긴다. 이 경우 계약서 사인한 주체는 법인이지만 전입은 자연인이 하는 구

청약보다 쉬운 아파트 경매 책

조다. 즉 법인의 직원이 기숙사로 쓰게 하기 위해서 임차하는 경우가 대부분이다. 이때도 마찬가지로 직원이 전입할 때 대항력이 발생하며 직원이 바뀌어 새로 전입하게 되면 대항력 발생일도 같이 변경된다.

넷째, 외국인인 경우다. 주민등록의 대상이 아닌 외국인은 「주택임대차보호법」에 따른 보호대상은 아니다. 그러나 「출입국관리법」에 의한 외국인등록을 했다면 「주택임대차보호법」의 적용을 받을 수 있다.

서울시 강동구 고덕동 아파트

경매물건에 임차인이 있는 경우 전입신고일과 확정일자를 확인해 임차인이 대항력과 우선변제권을 갖는지 판단해야 한다. 그런데 간혹 임차인이 보증금을 증액하는 경우가 있다. 당연히 임차인이 수년 이상 거주한다면 전세금이 상승할 수 있고, 임차인은 증액된 전세보증금에 대해 확정일자를 다시 받아야 한다. 문제는 최초 보증금과 증액된 보증금의 확정일자 사이에 다른 채권자가 들어오는 경우다. 함께 살펴보자.

또한 부동산 경매에 관심을 두게 되면, 저가 아파트와 고가 아파트 중 무엇을 선택할지 고민을 하게 된다. 물론 각자의 사정에 맞춰 선택하면 되겠지만, 고가 아파트가 수익률이 높다면 대출을 많이 사용해서라도 낙찰받을 수도 있을 것이다.

1. 경매사건 조회

서울시 강동구 고덕동의 한 아파트다. 감정가 17억 4천만 원으로 시작했는데, 2회 유찰되어 최저매각금액이 11억 1,360만 원으로 하락했다. 감정가보다 36% 하락한 기회이므로 지금부터 분석해보자.

| 매각기일 23.04.03 | 2022 타경 [아파트] 서울 강동구 고덕동 | 인쇄하기 | 관심물건등록 ☆ |

감정가	1,740,000,000원
최저가	1,113,600,000원
입찰보증금	111,360,000원 (10%)
용도	아파트
건물면적	84.9㎡
토지면적	46.1㎡
경매대상	건물전부, 토지전부
진행단계	진행 (2회)
법원	서울동부지방법원
조회수	오늘 4 / 전체 1,316
경매상담신청	

사진 ▾ | 지도 | 로드뷰 ┄ 크게보기

진행결과

매각기일	결과	최저매각금액	최저가율(%)
2023.01.09	유찰	1,740,000,000원	100%
2023.02.27	유찰	1,392,000,000원	80%
2023.04.03	진행	1,113,600,000원	64%

2. 입지분석

먼저 강동구 고덕동 부근의 입지분석을 손품으로 확인해보겠다. 교통, 직장, 학군, 환경, 공급의 기준으로 간단히 입지분석을 하고 가치 있는 지역으로 판단되면 경매물건 권리분석을 진행한다.

강동구는 인접 지역인 송파구에 비해 직장인 수가 1/4 정도 수준으로 직장이 많은 곳은 아니다. 다만 강남 접근성이 좋아 서울의 외곽지역이지만 선호된다. 대중교통으로 잠실까지 20분대, 강남까지 30분대로 갈 수 있기 때문이다. 해당 물건 지역은 도보 10분 거리에 5호선 고덕역이

▌ 서울시 강동구 고덕동 아파트 입지 ▐

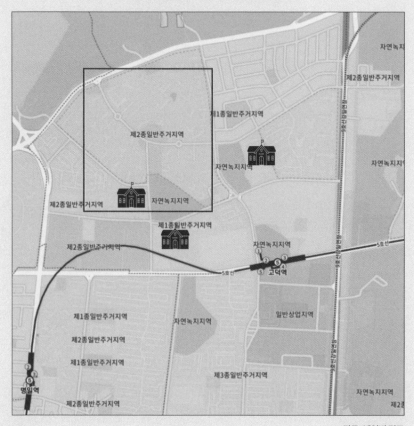

자료: 네이버 지도

▌ 서울시 강동구 고덕동 아파트 등기권리 ▐

등기권리

번호	접수일자	권리종류	권리자	권리금액	비고
1	2017.06.23	소유	강OO		보존
2	2020.01.14	가압	차OO	372,955,638원	**말소기준권리**
3	2022.03.25	강제	차OO		(2022타경 청구액 620,000,000원

(열람일 : 2022.12.22)

청약보다 쉬운 아파트 경매 책

있다. 아파트 단지 주변에 공원이 두 곳이나 있고 고덕산이 있으며 주변에 초등학교·중학교·고등학교가 모두 있다.

상권의 경우 가까운 거리에 작은 상권이 형성되어 있고, 도보 20분 거리 명일역 부근에 강동구 1위 상권이 있다. 다만 주택공급량의 경우 2025년까지 적정 주택 수요량에 비해 7배나 많은 물량이 예정되어 있다는 점을 유의해야 한다.

3. 등기사항증명서 권리분석

말소기준권리의 종류로는 (근)저당권, (가)압류, 경매개시결정기입등기, 담보가등기, 전세권(전세권자가 배당요구 시) 등이 있다. 말소기준권리 전에 권리가 있다면 인수되고, 그 뒤에 있는 권리는 소멸된다.

차○○씨가 설정한 가압류가 가장 먼저 설정된 것으로서 말소기준권리가 되며, 이하 권리는 모두 소멸된다. 2022년 3월 25일 가압류권자 차○○씨가 강제경매신청을 했음을 알 수 있다. 등기사항전부증명서 권리분석상으로는 특별히 문제가 없는 안전한 물건이다.

4. 임차인 권리분석

먼저 보증금 480,000,000원에 대한 권리분석을 해보자. 임차인 윤○○씨는 2019년 3월 29일 점유 및 전입신고를 하고 2019년 2월 22일 확정일자를 받아 대항력은 2019년 3월 29일 성립된다. 또 우선변제권도 전입신고와 확정일자 중 늦은 날인 2019년 3월 29일 발생한다.

▮ 서울시 강동구 고덕동 아파트 임차관계 ▮

임차관계

구분	임차인	성립일자	점유부분/기간	보증금/월세	기타
법원임차조사	윤○○	전입 2019.03.29 확정 2019.02.22 배당 2022.04.29	점유 2019.03.29.부터 2023.03.28.	480,000,000 원	
	윤○○	전입 2021.03.13 확정 2021.03.15 배당 2022.04.29		28,800,000원 월세:200,000 원	
주민센터 직접확인	윤**	전입 2019.03.29			열람일 2022.12.26
관리비체납	-체납액 : 620,000원 -2개월(22/10~22/11) , 전기수도포함가스별도, 관리비담당 02-481-8729				기준일 2022.12.26

말소기준권리일자 : 2020.01.14, 배당요구종기일 : 2022.06.15

앞서 등기사항증명서상 말소기준권리인 가압류는 2020년 1월 14일 성립된 것을 확인했었고, 대항력과 우선변제권 요건이 2019년 3월 29일 충족되었으므로, 임차인은 대항력과 우선변제권을 유효하게 취득한다. 또한 임차인 윤○○씨는 2022년 4월 29일 배당요구를 했고, 이는 배당요구종기일인 2022년 6월 15일 이전이다. 따라서 임차인은 보증금에 대한 우선변제를 받을 수 있다.

다음으로 보증금 28,800,000원에 대한 권리분석을 해보자. 윤○○씨는 2021년 3월 13일, 임대차계약을 갱신하면서 보증금을 2,880만 원 추가로 내고 월세도 20만 원으로 계약했다. 따라서 추가된 보증금에 대한 대항력은 2021년 3월 13일 우선변제권은 2021년 3월 15일 기준으로 살펴봐야 한다. 이는 말소기준권리인 가압류 성립일자인 2020년 1월 14일 이후이므로 증액된 금액에 대해는 대항력이 생기지 않는다.

청약보다 쉬운 아파트 경매 책

다만 배당 시 가압류권자의 채권액과 임차인의 증액된 보증금 채권이 안분배당 받는다.

결론적으로 보증금 480,000,000원은 대항력이 있으므로 배당에서 보증금이 전액 변제되지 않으면 잔액을 매수인이 인수하게 된다. 그러나 증액된 보증금 28,800,000원은 대항력이 없으므로 배당에서 변제되지 않은 부분이 있더라도 매수인이 인수하지 않는다.

5. 시세분석

마지막으로 입찰가를 쓰기 위한 시세를 파악해야 한다. 경매 감정가는 실제 시세와 차이가 클 수도 있으므로, 현재의 시세와 실거래가를 파악해 입찰가를 작성해야 한다. 실거래가는 국토교통부 실거래가 공개시스템, 시세는 KB시세와 한국부동산원의 시세를 참고하자.

실거래가는 2023년 3월 13억 9천만 원, 2023년 2월 10억 1천만 원에 거래된 바가 있다. 한국부동산원 시세는 약 13억 원, KB시세는 약 14억 7,500만 원에 형성되어 있다. 2023년 4월 3일에 예정된 매각기일의 최저매각금액이 11억 1,360만 원이므로 최대 약 3억 원의 시세차익을 볼 수 있는 물건이다.

6. 낙찰 결과

해당 경매물건은 2023년 4월 3일 1,247,570,000원에 낙찰되었다. 7명이 입찰에 참여했고 차순위매수신고금액은 1,175,000,000원이었

▌서울시 강동구 고덕동 아파트 시세 ▌

매매 실거래가

2023.03. 국토교통부 기준

계약월	매매가
2023.03.	**13억 9,000(4일,10층)**
2023.02.	10억 1,000(11일,20층)

매매 시세

✔ 한국부동산원 | KB부동산

기준일	하한가	상한가	평균변동액	매매가 대비 전세가
2023.03.20.	**12억3,000**	**14억3,000**	▼ -1,000	**48%**
2023.03.13.	12억3,000	14억5,000	-	48~49%

매매 시세

한국부동산원 | **✔ KB부동산**

기준일	하위평균가	일반평균가	상위평균가	매매가 대비 전세가
2023.03.24.	**14억1,000**	**14억7,500**	**15억4,000**	**44~45%**
2023.03.17.	14억1,000	14억7,500	15억4,000	44~45%

자료: 네이버 부동산

다. 앞서 파악한 시세가 약 14억 원이었으니 시세 대비 1억 5천만 원 정도 저렴하게 낙찰받은 사례라고 할 수 있다.

이처럼 시세가 14억 원이 넘어가는 고가 아파트의 경우에는 중저가 아파트에 비해 입찰 참여자가 적은 경우가 많다. 특히 요즘처럼 대출이

청약보다 쉬운 아파트 경매 책

자가 상승한 시기에는 경락잔금대출도 부담이 되기에 고가 아파트는 더욱 참여율이 낮아질 수 있다. 따라서 중저가 아파트보다 경매를 통한 수익률이 더 커질 수 있다는 점을 생각하면서 경매를 준비하면 좋겠다.

5장

낙찰받으러
경매법원에
가자!

입찰가,
얼마를 써야 할까?

입찰가를 정하기 어려운 이유

경매 부동산에 대해 입지분석과 권리분석을 마쳤다면 이제 입찰가로 얼마를 쓸지를 결정해보자. 결국 경매도 최대한 저렴하게 물건을 구매하는 것이 중요하므로 입찰가 정하기가 핵심이다.

부동산 경매는 매도인이 아닌 우리 매수인이 입찰가를 정하고 우리가 원하는 가격으로 매수할 수 있다는 점이 큰 장점이지만, 오히려 도무지 얼마에 입찰가를 쓸지 고민이 되기 때문에 난제이기도 하다.

공인중개사를 통한 일반 부동산 거래의 경우 보통 매도인이 원하는 호가가 정해져 있다. 또한 공인중개사가 주변의 시세를 알려주기에 약간의 흥정만이 있을 뿐 큰 틀에서는 가격이 정해져 있어서 시세 파악에 공을 들이지 않아도 된다. 반면 경매의 경우 공인중개사가 거래를 도와

주는 것도 아니고, 법원이 인근 시세를 알려주는 것도 아니어서 스스로 적당한 입찰가를 산정하는 것이 굉장히 중요하게 되는 것이다.

부동산 경매 감정가와 최저매각가격

법원은 감정인에게 경매 부동산을 평가하게 하고 그 평가액을 참작해 최저매각가격을 정해야 한다(「민사집행법」 제97조 제1항). 최저매각가격 이란 경매 절차의 매각기일에서 해당 부동산을 그 가격보다 저가로 매 각할 수 없는 기준가격을 의미한다. 최저매각가격제도의 취지는 부동산 이 시세보다 훨씬 저가로 매각되게 되면 채권자의 이익을 해치게 되므 로 공정·타당한 가격을 유지함에 있다(대결 2003. 8. 21. 2003마1352).

경매 부동산 감정평가 과정은 다음과 같다.

1. 감정인의 선정

집행법원은 최저매각가격을 결정하고자 감정인을 선정해 부동산을 평가하게 한다. 감정인은 매각부동산 평가에 관한 집행법원의 집행보조 자이고, 집행법원은 감정평가사를 감정인으로 선정함이 원칙이다.

2. 평가명령

첫째, 경매목적 부동산의 평가는 집행법원의 직권에 의한 평가명령에

청약보다 쉬운 아파트 경매 책

기해 감정인이 실시한다. 법원은 2주 이내로 평가서의 제출기간을 정하며, 평가할 때 임차권, 대항력, 법정지상권 여부 등을 전제로 평가할 것을 지시한다.

둘째, 감정가는 최저매각가격의 최초 금액이 되며, 이는 매각절차의 핵심이므로 평가서는 가능한 한 정확하고 자세하게 작성되어야 한다. 평가서에는 최소한 감정가의 결정을 뒷받침하고 매수신고인의 이해를 도울 수 있도록 감정가산출근거, 평가요항표(토지, 건물, 집합건물별로 감정인들이 사용하는 소정 양식이 존재), 위치도, 건물내부구조도, 사진 등을 붙여야 한다.

3. 감정평가명령의 시점

감정평가명령은 임의경매의 경우 경매개시결정일로부터 3일 내, 강제경매는 등기완료통지를 받은 날로부터 3일 내 한다. 감정인은 평가 시를 기준으로 해서 그 시점에서의 가격을 평가하면 충분하다.

감정가와 시세의 차이를 확인할 수 있는 실제 사례

부동산 경매물건의 실제 낙찰사례를 통해, 감정금액인 최저매각금액과 실제 시세 및 낙찰가액의 차이를 한 번 확인해보자.

서울시 도봉구 창동의 한 아파트로서, 부동산 경매로 나온 매물은

▌물건내역

물건번호	1	> 물건상세조회 > 매각기일공고 > 매각물건명세서	물건용도	아파트	감정평가액	1,140,000,000원		
목록1	서울특별시 도봉구 노해로70길 12, 3동 (창동,) 🖼				목록구분	집합건물	비고	미종국
물건상태	매각준비 --> 매각공고 --> 매각							
기일정보					최근입찰결과	2023.03.07 매각(758,899,990원)		

▌기일내역

물건번호	감정평가액	기일	기일종류	기일장소	최저매각가격	기일결과
1	1,140,000,000원	2022.10.18(10:00)	매각기일	제101호 입찰법정	1,140,000,000원	유찰
		2022.11.22(10:00)	매각기일	제101호 입찰법정	912,000,000원	유찰
		2022.12.27(10:00)	매각기일	제101호 입찰법정	729,600,000원	매각
		2023.01.03(14:00)	매각결정기일	제106호 법정		
		2023.02.09(16:00)	대금지급기한	민사신청과 경매1계		미납
		2023.03.07(10:00)	매각기일	제101호 입찰법정	729,600,000원	매각 (758,899,990원)
		2023.03.14(14:00)	매각결정기일	제106호 법정		

▍실거래가와 KB시세 ▍

청약보다 쉬운 아파트 경매 책

32평이다. 해당 평수는 KB시세로는 약 9억 5천만 원에 형성되어 있으며, 국토교통부 실거래가는 가장 최근에 8억 5천만 원에 발생한 내역이 있다. 그러나 부동산 경매로 나온 매물의 감정평가액은 11억 4천만 원이다. 2022년 10월부터 매각기일이 잡혔으며, 2회의 유찰과 대금 미납으로 인한 재매각 끝에 2023년 3월, 약 7억 6천만 원에 낙찰되었다.

즉 감정가 11억 4천만 원, KB시세 9억 5천만 원, 실거래가 8억 5천만 원, 낙찰가 7억 6천만 원이라는 차이가 발생했다. 만약 감정가만 믿고 입찰가를 썼다면 시세보다 터무니없이 높은 가격에 낙찰되는 실수를 범하고 말았을 것이다. 또 시세 파악을 할 때도 KB시세와 실거래가를 모두 참고해서 확인하고, 반드시 현장에 방문해 현재 살아 있는 시세는 얼마인지도 꼼꼼히 조사해 낙찰가액을 정해야 한다.

입찰가 산정을 위한
시세 확인 방법

앞서 보았듯이 경매 입찰가격을 정하는 과정에서 감정가를 맹신해서는 안 된다. 감정가는 참고로 보고, 감정평가서를 통해 어떤 이유로 감정가격이 산정되었는지 확인만 하는 것이 좋고, 정확한 시세는 KB시세, 한국부동산원시세, 국토교통부 실거래가를 통해 확인해야 한다.

지금부터 세 가지 시세 확인 방식의 메커니즘과 장단점을 알아보자. 각 방식을 서로 보완해가면서 사용하면 경매 입찰가를 산정하는 데 도움이 될 것이다.

KB부동산

KB시세는 실거래가 중심의 가격과 더불어 KB은행과 연계된 부동산 공인중개사무소의 가격을 기준으로 지표를 산정한다. 부동산 중개사들의 상한가, 하한가, 일반가를 나누어 입력하게 하고 이를 기준으로 지표를 만드는 것으로 알려져 있다. 가장 공신력이 있는 지표이며, 추출 표본 수가 많기 때문에 정확도가 높은 지표라고 볼 수 있다.

다만 KB시세는 일선 공인중개사사무소가 입력하는 시세를 기준으로 산출하게 된다. 따라서 중개사사무소의 정보에 의존할 수밖에 없는 구조다.

한국부동산원

한국부동산원 직원 350여 명가량이 직접 표본의 실거래가를 조사하는 것으로 알려져 있다. 호가뿐 아니라 실제 실거래 가능 금액을 기준으로 하며, 거래가 가능하지 않을 정도로 지나친 호가는 반영하지 않는다. 또한 인기 지역 또는 아파트에 치중되지 않고 객관적인 시세가 파악 가능하다는 장점이 있다.

다만 조사방식에 있어서 한국부동산원 350명의 직원이 전국을 돌아다니면서 조사하는 방식이라서 표본 수에 제한이 있다. 표본이 적으면 현실적으로 정확한 시세를 반영하지 못할 수 있을 것이다.

국토교통부 실거래가 공개시스템

국토교통부에서 제공하는 국토교통부 실거래가 공개시스템은 실제 부동산 거래가격을 알려준다. 실제 대부분의 부동산시세 앱의 표본이 되는 것이 국토교토부 실거래가 공개시스템이다. 실거래가가 가장 먼저 정확히 나오는 것이며, 이를 바탕으로 다른 모든 시세 사이트에서 실거래가를 산정하는 것이다. 국토교통부에서는 「부동산 거래신고 등에 관한 법률」에 따른 부동산 거래신고제를 통해 수집된 실거래 자료를 공개하고 있다.

부동산 거래신고 등에 관한 법률
제3조(부동산 거래의 신고)
① 거래당사자는 다음 각 호의 어느 하나에 해당하는 계약을 체결한 경우 그 실제 거래가격 등 대통령령으로 정하는 사항을 거래계약의 체결일부터 30일 이내에 시장 등 신고관청에 공동으로 신고하여야 한다.
1. 부동산의 매매계약

실거래가는 가장 실제 가격을 객관적으로 반영하는 자료이지만, 최근과 같은 거래 절벽 시기에는 거래 사례가 적어서 오히려 소수 거래 사례까지 확대 해석되는 문제가 있을 수 있다. 또한 허위거래(자전거래) 역시 계약 해제 전까지는 실거래가 시스템에 반영되는 문제가 있다. 계약이

청약보다 쉬운 아파트 경매 책

취소되면 실거래가의 공개가격도 취소된다. 즉 실거래가 공개시스템에 등록된 거래 사례일지라도, 추후 계약이 취소될 수 있으니 완벽하게 믿을 수는 없는 것이다.

물론 2021년부터 실거래가 공개시스템에 계약 취소 정보도 함께 공개되고 있긴 하다. 시세를 올릴 목적으로 이전 실거래가 대비 크게 높은 '신고가'로 신고한 뒤 취소하는 시장 교란 행위를 막으려는 조처다.

이를 통해 이전 거래 대비 급등한 가격, 이른바 신고가로 신고한 뒤 시세를 올리고, 이후 계약을 해제하는 시장 교란 행위를 파악하기가 쉬워질 것으로 보인다. 2019년 전북 전주시의 경우 신도심 신축아파트를 중심으로 '신고가 신고-계약 해제' 사례가 빈발하자 시 차원에서 부동산 실거래 조사에 나선 바 있다.

법원 입찰 과정
A to Z

1. 매각기일에 출석

입찰에 참여하려는 자는 법원이 공고한 매각기일 오전 10시에 경매 집행법원에 출석해야 한다. 집행관은 매각기일이 열리는 장소의 질서유지를 위해서 필요하다고 인정하는 경우, 출입하는 사람의 신분을 확인할 수 있다. 참고로 경매입찰을 하지 않더라도 현재 거주하는 지역과 가까운 경매법원에 현장답사를 자주 가는 것은 아주 좋은 습관이다. 책으로 공부만 한다고 경매에 대한 실력이 쌓이는 것이 절대 아니다. 몸을 움직이고 현장 분위기를 최대한 경험하자.

2. 입찰 게시판의 확인

매각기일이 공고된 이후에도 경매신청의 취하 신청이나 경매 취소사유가 있으면 경매가 취소될 수 있다. 또한 매각기일 또는 입찰기간이 변경될 수도 있다. 그러므로 입찰 개시 전 법원의 입찰 게시판을 꼭 확인하자.

3. 입찰개시

입찰 절차의 진행은 집행관이 한다. 집행관은 매각사건목록, 매각물건명세서, 현황조사보고서, 감정평가서 사본을 비치해 입찰참여자가 그 내용을 볼 수 있도록 한다. 입찰 개시를 알리는 종이 울리면, 집행관이 입찰표의 제출을 최고하고, 입찰마감시각과 개찰시각을 고지한다.

4. 입찰표의 작성

기일입찰표에는 아래의 사항을 적어야 한다.

1. 사건번호와 부동산의 표시
2. 입찰자의 이름과 주소
3. 대리인을 통해 입찰하는 경우에는 대리인의 이름과 주소
4. 입찰가: 입찰가는 일정한 금액으로 표시
5. 공동으로 입찰하는 경우에는 각자의 지분

5. 매수신청보증의 제공 및 입찰 서류의 제출

입찰자는 매각물건의 최저매각가격의 1/10에 해당하는 금액을 매수신청의 보증으로 제공해야 한다. 매수신청보증은 현금, 자기앞수표, 보증서의 방법으로 제공할 수 있다. 현금(또는 자기앞수표)에 의한 매수신

청보증은 매수신청보증봉투에 넣어 1차로 봉하고 날인한다.

그리고 필요사항을 적은 기일입찰표와 함께 기일입찰봉투에 넣어 다시 봉해 날인한다. 그 뒤 집행관의 날인을 받고 집행관의 면전에서 입찰자용 수취증을 떼어 내 따로 보관하고 기일입찰봉투를 입찰함에 투입한다.

6. 입찰 마감

입찰 마감을 알리는 종이 울린 후 집행관이 마감을 선언한다. 매수가격의 신고가 없어 입찰을 최종적으로 종결하는 경우에 법원은 최저매각가격을 20% 또는 30% 낮추고 새 매각기일을 정한다.

7. 개찰

개찰은 입찰을 마감한 후 10분 안에 시작된다. 집행관은 개찰 시 입찰자의 앞에서 기일입찰봉투를 개봉하고 기일입찰표에 따라 사건번호, 입찰목적물, 입찰자의 이름 및 입찰가를 부른다. 최고 가격 입찰자의 매수신청보증이 정해진 보증금액에 미달하는 경우 입찰이 무효로 된다. 그리고 차순위의 가격으로 입찰한 사람의 매수신청보증을 확인한다.

8. 최고가매수신고인의 결정과 공유자 우선매수신고

개찰을 통해 최고 가격에 입찰한 사람이 최고가매수신고인으로 정해진다. 다만 공유자의 우선매수신고가 있으면, 최고가매수신고를 한 사

청약보다 쉬운 아파트 경매 책

람이 아닌 공유자에게 매각을 허가해야 한다.

공유자 우선매수신고는 공유물지분경매에서 채무자가 아닌 다른 공유자가 매각기일까지 매수신청보증을 제공하고, 최고가매수신고가격과 동일한 금액으로 공유자인 채무자의 지분을 우선매수하겠다는 신고를 하는 것이다.

다른 공유자의 우선매수신고가 있다면 법원은 본래 최고가매수신고자가 있음에도 불구하고, 공유자에게 최고가매수신고가격과 동일한 가격으로 매각을 허가해야 한다.

9. 차순위매수신고인의 결정

최고가매수신고인이 대금지급기한까지 대금지급의무를 이행하지 않으면, 차순위매수신고자에게 매각을 허가해 달라는 취지로 집행관에게 하는 것이 차순위매수신고다.

10. 매수신청보증의 반환

입찰 절차가 종결되면, 최고가매수신고인과 차순위매수신고인을 제외한 다른 입찰자는 매수신청의 보증을 돌려받을 수 있다. 입찰자용 수취증과 주민등록증을 제출해 매수신청보증을 반환받게 된다.

입찰표는
이렇게 작성하자

부동산 경매 입찰봉투 작성법

먼저 입찰봉투 앞면에 제출자 성명의 본인란에 이름을 적고 옆에 도장을 찍는다. 둘째, 대리인란은 대리입찰의 경우 입찰 대리인의 이름을 적고 도장을 찍는다. 셋째, 입찰봉투 뒷면 상단에 사건번호와 물건번호를 적는다.

입찰보증금 봉투(매수신청보증금 봉투) 작성법

먼저 보증금 봉투의 앞면에는 사건번호, 물건번호, 제출자의 성명을 기재하고 날인해야 한다.

청약보다 쉬운 아파트 경매 책

▌입찰봉투▐

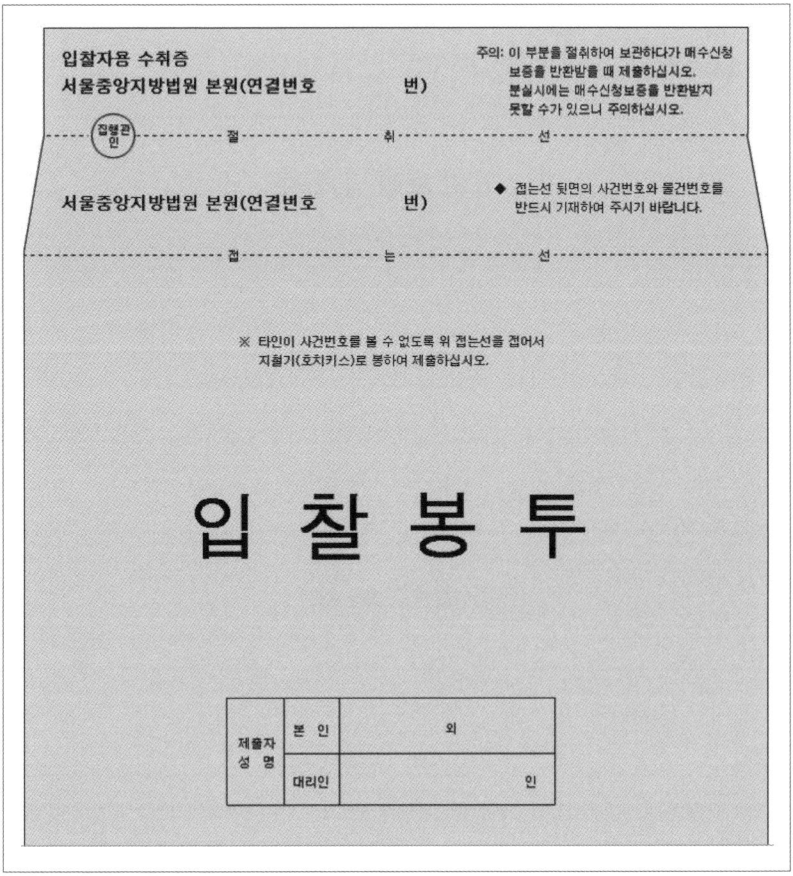

입찰자용 수취증

서울중앙지방법원 본원(연결번호 번)

주의: 이 부분을 절취하여 보관하다가 매수신청 보증을 반환받을 때 제출하십시오. 분실시에는 매수신청보증을 반환받지 못할 수가 있으니 주의하십시오.

집행관 인

절 취 선

서울중앙지방법원 본원(연결번호 번)

◆ 접는선 뒷면의 사건번호와 물건번호를 반드시 기재하여 주시기 바랍니다.

접 는 선

※ 타인이 사건번호를 볼 수 없도록 위 접는선을 접어서 지철기(호치키스)로 봉하여 제출하십시오.

입 찰 봉 투

제출자 성 명	본 인	외
	대리인	인

대리입찰의 경우에는 대리인이 제출자로 된다. 봉투의 앞면 뒷면의 (인)에 도장을 찍고, 준비한 수표를 봉투에 넣는다.

OO지방법원   지원

입 찰 보 증 금 봉 투

(매수신청보증봉투)

사건번호	00 타경 00
물건번호	1
제출자	OOO (인)

(인)   ──── (인) ────   (인)

1. 입찰보증금을 넣고 봉한후 날인의 표시가 있는 부분에 꼭 날인하시기 바랍니다.
2. 입찰표와 함께 입찰봉투(황색 큰 봉투)에 넣으십시오.

[전산양식 A3360] 기일입찰표(흰색)   용지규격 210mm×297mm(A4용지)

(앞면)

기 일 입 찰 표

지방법원 집행관   귀하   입찰기일 :   년   월   일

사 건 번 호			타 경 호		물건 번호	※물건번호가 여러개 있는 경우에는 꼭 기재
입 찰 자	본인	성 명		㉑	전화 번호	
		주민(사업자) 등록번호		법인등록 번 호		
		주 소				
	대리인	성 명		㉑	본인과의 관 계	
		주민등록 번 호			전화번호	—
		주 소				

입찰 가격	천 억	백 억	십 억	억	천 만	백 만	십 만	만	천	백	십	일	원	보증 금액	백 억	십 억	억	천 만	백 만	십 만	만	천	백	십	일	원

보증의 제공방법	☐ 현금·자기앞수표 ☐ 보증서	보증을 반환 받았습니다. 입찰자 ㉑

기일입찰표 작성

1. 사건번호와 물건번호

해당 물건의 사건번호와 물건번호를 기입한다.

2. 입찰자

성명, 전화번호, 주민등록번호, 주소를 기입한다.

3. 입찰가격

주의해서 적어야 하며, 실수를 방지하기 위해 단위별로 칸이 나눠져 있다. 실수로 0을 하나 더 적어서 10배 가격으로 입찰가를 적으면 보증금을 포기하거나 해당 물건을 입찰금액으로 매수해야 하므로 항상 작성에 주의를 요한다. 그래서 기일 입찰표를 매각기일 전날 작성해 현장에서 터무니없는 실수가 발생하는 것을 미연에 방지하는 것도 방법이다. 입찰가는 수정할 수 없으므로, 수정을 요하는 때는 새 용지를 사용해야 한다.

4. 보증금액

입찰가격과 보증금액의 위치를 바꿔서 기입하지 않도록 주의해야 한다.

5. 보증의 제공방법

현금, 자기앞수표, 보증서 박스에 체크한다.

6. '보증을 반환받았습니다' 부분

입찰자에 이름을 적고 도장을 찍는다.

7. 입찰표 제출 후 취소 불가

일단 제출된 입찰표는 취소, 변경이나 교환할 수 없다.

무효로 처리하는 입찰

힘들게 입찰받았는데 일정 요건을 위배하면 무효 처리가 되기에 십상이다. 대표적으로 주의해야 할 무효 처리 입찰에 대해서 알아보자.

- 같은 물건에 한 사람이 다른 두 사람 이상을 대리하거나, 자신이 대리인과 본인의 역할을 한 경우 모든 입찰서 무효 처리
- 하나의 물건에 같은 사람이 여러 장의 입찰표를 제출한 경우
- 입찰가의 기재를 정정한 경우와 입찰가의 기재가 불명확한 경우
- 물건번호가 있는데도 물건번호를 적지 않은 경우(단, 주소 등으로 특정할 수 있는 경우는 개찰에 포함시킴)
- 다른 사건번호를 기재한 경우(주의 필요함)
- 입찰가액과 보증금액을 바꿔 쓴 경우
- 위임장에 인감증명이 구비 안 된 경우(입찰 종료 전까지 보완하면 유효한 입찰이 될 수 있음)
- 대리인 입찰 시 유효기간이 지난 본인 인감증명 제출하는 경우
- 입찰보증금이 부족한 경우

원활한 입찰 과정을 위한
Q&A

Q. 입찰법정 도착 시 제일 먼저 해야 할 일은 무엇인가요?

가장 먼저 할 일은 해당 사건의 진행 여부 확인이다. 당일 오전 10시 진행하는 경매 법정이지만, 해당 사건은 당일 직전에도 연기, 변경, 취소, 취하 등이 가능하므로 진행하는지를 꼭 확인하자.

오전 10시가 되면 게시판에 당일 진행하는 사건이 게시되는데 여기에 입찰할 해당 사건번호가 적혀 있는지 확인하고 입찰법정에 들어가도록 하자. 만약 해당 사건이 없다면 그냥 돌아가지 말고 사진을 찍어두자. 아주 간혹 담당직원이 초반에 목록을 바꾸는 경우가 있다.

또한 해당 사건 옆에 취하, 변경 등이 수기로 작성되어 있다면 법대 앞에 나가 집행관에게 해당 사건에 대해서 다시 확인해보자. 간혹 일부 입찰자가 방해공작으로 오표시를 적는 경우가 있어서 이를 예방하기 위해 일부 법원은 게시판을 열쇠로 잠가두지만 일부 법원은 그대로 노출되어

청약보다 쉬운 아파트 경매 책

있는 경우도 많다.

Q. 입찰보증금을 많이 넣거나 적게 넣으면 어떻게 되나요?

입찰보증금은 당일 최저매각가격의 10%이고, 재매각 등의 사유인 특별매각조건으로 입찰보증금이 20%(또는 30%)가 되는 경우도 있다. 입찰보증금은 계좌이체 되지 않으니, 당연히 당일 법원에 지참해야 한다.

입찰보증금은 최저매각가격의 10%보다 많이 넣는 것은 유효하지만, 단 1원이라도 적게 넣는 것은 무효가 된다. 입찰보증금을 최저매각가격보다 많이 제출한 자가 낙찰되면 당일 오후에 남은 차액이 낙찰자 계좌로 이체된다.

참고로 입찰보증금을 맞게 제출했는데 기일입찰표의 보증금액란을 이보다 적게 또는 많게 적은 경우, 금액을 수정한 경우, 금액을 아예 적지 않은 경우는 무효가 되지 않는다. 다만 입찰가격란을 최저매각가격보다 적게 적은 경우, 수정한 경우, 적지 않은 경우는 무효가 된다.

Q. 입찰봉투를 제출했는데 다시 제출해도 되나요?

「민사집행규칙」 제62조 제6항에 "입찰은 취소·변경 또는 교환할 수 없다."라고 명시되어 있다. 따라서 한 번 제출한 입찰봉투는 개찰이 끝날 때까지 돌려받을 수 없다. 이런 경우 보증금의 여유가 있다면 다시 입찰표를 쓰고 보증금을 넣은 후 제출하는 방안을 생각해볼 수 있지만, 하나의 물건에 같은 사람이 여러 장의 입찰표 또는 입찰봉투를 제출한 경우 입찰표 모두를 개찰에서 제외하니 주의하자.

그러므로 동일인 명의가 아닌 다른 사람 명의로 입찰표를 제출하는 방안을 고려해볼 수 있다. 다만 한 사건에 동일인이 입찰자 본인인 동시에 다른 사람의 대리인이거나 동일인이 2인 이상의 대리인을 겸하는 경우 쌍방의 입찰을 개찰에서 제외하므로 다른 사람이 본인 자격으로 직접 입찰에 참여하는 등의 방안을 강구해야 할 것이다.

Q. 자녀 이름으로 입찰하고 싶은데 가능한가요?

당연히 자녀 이름으로 입찰할 수 있다. 자녀가 미성년자라면 미성년자의 법률행위는 법정대리인의 동의를 요하며, 법정대리인은 원칙적으로 친권을 행사하는 부모이므로 부모는 미성년자의 법정대리인으로 입찰에 참여할 수 있다.

미성년자 이름으로 입찰할 때 준비물은 다음 페이지에 정리해두었다. 참고로 경제적 자립이 없는 자녀 명의로 경매를 받는다면 이 경매자금은 결국 증여가 되어 증여세가 발생할 수 있다. 경매 취득 관련된 비용은 경매 낙찰대금뿐만 아니라 취득세 및 각종 명도비용 등을 포함해 계산해야 한다.

증여재산공제는 10년간 누계로 직계비속에게는 5천만 원이고, 자녀가 미성년자라면 2천만 원밖에는 되지 않는다는 점을 꼭 참고해 증여세 신고 및 납부를 고려하도록 하자.

부모 모두 참석했을 때	부와 모, 둘 중 한 명만 참석했을 때
1. 부와 모의 신분증 2. 법정대리인임을 증명할 수 있는 서류(가족 관계증명서, 주민등록등본) 3. 미성년자 매수동의용 인감증명서(부와 모의 인감증명서 각1통) 4. 부와 모의 인감도장 5. 매수 신청 보조금	1. 법정대리인임을 증명할 수 있는 서류(가족 관계증명서, 주민등록등본) 2. 미성년자 매수동의용 인감증명서(부와 모의 인감증명서 각1통) 3. 부와 모의 인감도장 4. 매수 신청 보조금 5. 부와 모 중 불참자의 인감증명서(입찰 대리용), 인감도장 6. 부와 모 중 불참자의 인감도장 7. 부와 모 중 참석자를 수임인으로 하는 위임장 8. 부와 모 중 참석자의 도장

Q. 공동명의 입찰했는데 깜빡하고 본인 이름만 넣었더니 개찰 결과 1등이지만 매각담당집행관이 2등이 낙찰자라고 합니다. 어떻게 해야 할까요?

입찰보증금을 찾지 말고 이의신청을 하자. 집행법원은 집행보조기관인 집행관의 매각기일 진행에 잘못이 있더라도 이에 구속되지 않고, 그 잘못을 시정해 최고가매수신고인임이 명백한 자에 대해 매각허가 여부를 결정해야 한다(대법원 2008그205결정).

매각담당집행관은 형식적 권한이 있을 뿐, 실질적 권한은 없다. 매각허가 여부 판단은 사법보좌관이 진행하므로 가급적 빨리 이의신청을 당일 법원에서 신청하도록 하자. 매각허가 여부는 매각기일로부터 7일 후에 나오므로 이 기간 안에 이의신청해도 되지만, 사법보좌관이 거의 마음을 결정한 상태라면 뒤늦게 이의신청할 시 결과를 번복하기 어려울 수 있다.

Q. 잘못 낙찰받았다면 매각불허가 제도를 활용할 수 있나요?

매각불허가 신청은 매각기일부터 7일 안에 제기해야 한다. 매각불허가 신청이 접수되면 사법보좌관은 사유의 타당성을 검토해 불허가 여부를 결정한다. 불허가결정이 되면 입찰보증금을 돌려받고 재매각기일이 정해진다. 하지만 매각허가결정이 되면 잔금기한이 지정되는데, 결국 낙찰자가 대금을 미납하면서 입찰보증금이 몰수되는 경우가 많다. 따라서 잘못 낙찰받았을 경우 매각불허가를 받는 게 최선이다.

법원이 매각불허가를 쉽게 내리는 것은 아니며, 이에 대해 매우 신중하다. 경매사건에는 많은 이해관계인이 있기 때문이다. 매각불허가를 내리면 그만큼 매각이 지연되면서 채무자는 이자를 더 내야 하고, 채권자는 채권회수 기간이 길어진다. 불허가결정에 대해 이해관계인들이 이의신청도 할 수 있다. 따라서 법원은 타당한 사유가 있을 때 불허가를 내린다. 타당한 매각불허가 사유는 다음 페이지에 정리해두었다.

Q. 송달무효로 인해 불허가가 되는 경우가 있나요?

꼭 낙찰받고 싶은 물건일수록 불허가가 되면 더욱 안타까운 마음이 들기 마련이다. 다시 경매에 입찰해도 낙찰받는다는 보장도 없다. 대표

청약보다 쉬운 아파트 경매 책

▌ 타당한 매각불허가 사유 ▌

경매개시결정 송달이 부적합 송달인 경우	매각결정기일 송달을 통지하지 않은 경우
중복 경매 시 송달을 통지하지 않은 경우	법정대리인 자격 없이 미성년자가 최고가 입찰한 경우
전 매수인이 최고가 입찰한 경우	전 매수인 배우자가 최고가 입찰한 경우
채무자가 최고가 입찰한 경우	농지취득자격증명서를 제출하지 않은 경우
경매 기록에 일괄매각 결정이 없는 경우	과잉 경매인 경우
입찰법정 출입금지자 명단에 포함된 사람이 최고가 입찰자인 경우	감정가격이 최저매각가격인 경우
감정도면이 실제 내부 구조와 상이한 경우	등기부상 구조와 실제 구조가 상이함에도 감정인이 등기부상 표시로 평가한 경우
구분소유적 공유관계를 반영하지 않은 감정 가격	매각물건명세서에 임차보증금 인수 누락인 경우
매각물건명세서에 유치권 신고서 접수 누락인 경우	매각물건명세서에 선순위임차인의 등록 기재 누락인 경우
매각물건명세서에 보증금 20% 누락인 경우	매각물건명세서에 법정지상권 성립 여부 누락인 경우
매각물건명세서에 토지매수인 인수 누락인 경우	매각물건명세서에 토지별도등기 누락인 경우
매각물건명세서에 건물만 경매 누락인 경우	공유자가 아닌데 공유자우선매수신고로 최고가 입찰한 경우
공유물분할판결로 입찰 시 공유자가 최고가 입찰한 경우	최고가 입찰 후 대위변제한 경우
최고가 입찰 후 개인회생결정 정본이 제출된 경우	이해관계인에게 종전 주소로 송달한 경우

5장 낙찰받으러 경매법원에 가자!

적인 송달무효 사례 세 가지를 알아보자.

첫째, 주민등록 전입이 안 된 동거인(배우자, 직계존비속 등)이 수령한 경우다. 채무인 아버지에게 송달되어야 하는데 가정에 있던 아들이 수령한 경우 아들이 해당 주소에 전입신고가 되어 있다면 적법한 수령으로 볼 수 있지만, 전입신고가 안 되어 있으면 송달완료로 볼 수 없다.

둘째, 주민등록상 최근 주소로 송달되어야 한다. 경매진행 중에 전입신고를 옮긴 경우 옮긴 주소로 송달되어야 한다. 만약 종전 주소로 송달이 됐다면 송달완료로 볼 수 없어 이해관계인이 이의를 제기하면 매각불허가 사유가 된다.

셋째, 송달장소가 아닌 곳에서 송달한 경우다. 채무자의 주민등록상 주소는 A인데 채무자의 B사무실로 송달한 경우 채무자 본인이 수령 거부의사를 표시했음에도 송달서류를 두고 갔다면 이는 적법한 송달이라 볼 수 없다. 또한 본인이 아니면서 제3의 장소에서 송달물을 수령한 경우도 적법한 송달이 아니다.

낙찰받았다면
경락잔금대출을 알아보자

낙찰받고 법원을 나오면 대출 부대의 무수한 대출 명함을 받게 될 것이다. 경매를 통해 부동산을 구매할 때도 일반 부동산 거래와 같이 대출을 활용하도록 하자.

이를 경락잔금대출이라고 하는데, 낙찰가격에서 입찰보증금을 제외한 나머지 금액을 은행 등 금융기관에서 빌리는 행위를 일컫는다. 즉 경매를 통해 낙찰되고 그 매각대금을 지불할 때 이용하는 대출제도다. 은행 등 금융기관은 경매 부동산에 근저당을 설정한다. 그리고 낙찰된 부동산의 가격 중 가능한 비율에 대해서 대출을 진행해준다.

경매는 입찰 참여 시 최저매각금액의 10%를 입찰보증금으로 내고, 낙찰을 받게 되면 약 45일 이내에 잔금을 지급해야 한다. 이때 대부분 낙찰자는 경락잔금대출을 이용해 잔금을 치르고 있다. 추후 전세임차인을 구해 갭투자를 꾀하는 낙찰자일지라도, 45일 이내에 임차인을 구하기는 쉽지 않으므로 우선 경락잔금대출을 이용하고, 추후 임차인을 구하는 경우가 많다.

규제지역의 경락잔금대출

2023년 1월 5일부로 대출적용에 제한을 받는 규제지역이 대폭 축소되었다. 현재 규제지역은 서울 강남구, 서초구, 송파구, 용산구 총 4개구뿐이다.

낙찰받은 부동산이 규제지역에 소재하고 있는 경우, 일반 주택담보대출과 동일하게 대출 규제가 적용된다. 또한 다주택자에게 대출 규제가 있다면 경락잔금대출에도 적용된다. 즉 규제지역에서 경락잔금대출을 받으려면, LTV나 DSR 같은 대출 규제가 똑같이 적용되는 것이다. 경락잔금대출은 대출 규제가 적용되지 않으므로 일반 대출보다 훨씬 많은 대출이 가능하는 것으로 오해하는 경우가 많은데 이는 잘못된 것이다. 다만 2023년부터 부동산 규제지역과 대출제한이 완화되고 있으니 경락잔금대출도 받기 쉬워지고 있다고 보면 된다. 2023년 3월부터 적용되고 있는 대출 완화제도를 간단히 살펴보면 다음과 같다.

1. 다주택자 규제지역 내 주택담보대출 허용

2. 임대·매매사업자에 대한 주택담보대출 허용

3. 임차보증금 반환목적 주택담보대출의 각종 제한 규정 완화

4. 생활안정자금 목적 주택담보대출 한도 폐지

5. 주택담보대출 대환 시 기존 대출시점의 DSR 적용

6. 서민·실수요자의 주택담보대출 6억 원 한도 폐지

특히 다주택자가 규제지역 내 주택구입목적 주택담보대출이 허용되어 규제지역에서는 LTV가 0%에서 30%로, 비규제지역은 LTV가 0%에서 60%로 상향되었다.

경락잔금대출 필요서류는 금융기관마다 차이가 있겠지만 통상적으로 필요한 서류가 있다.

경락잔금대출 필요서류

－입찰보증금 영수증

－매각허가결정문

－낙찰대금 지급기한 통지서

－소득관련자료

－신분증사본

－(사업자의 경우) 사업자등록증

－인감도장, 인감증명서

－주민등록등본 원초본

비규제지역의 경락잔금대출

경매로 낙찰받은 부동산이 비규제지역일 때는 규제지역보다 훨씬 많은 금액이 대출로 나오게 된다. 대출가능 금액은 부동산 종류에 따라 다른데, 대략적으로 보면 주로 상가는 시세의 70%, 아파트와 다가구는 60%, 토지는 50% 정도를 기준으로 대출이 가능하다. 또한 대출금액의 기준은 감정가의 70%, 낙찰가의 80% 중 낮은 금액이 기준으로 산정된다. 이는 대략적인 수치이며 정확한 내용은 경락잔금대출을 취급하는 은행 또는 금융기관을 통해 그 시점에 맞는 정확한 파악을 하도록 하자.

패찰되었다면 원인을 분석해
자기 성장의 기회로 삼자

왜 패찰되었을까? 되뇌어보자

직장인이든 전업투자자든 본인의 소중한 시간을 쪼개 입지분석 및 권리분석을 하고 입찰했는데 패찰된다면 시간과 돈을 낭비했다는 생각과 더불어 의욕이 상실되기 마련이다. 그렇지만 패찰의 원인이 어디서 발생하게 되었는지 그 과정을 찾아가는 과정에서 우리는 더욱 낙찰과 가까워질 수 있다.

'낙찰자는 왜 저 가격을 써서 낙찰을 받았을까?'라는 본연의 의문을 반문해봐야 한다. 저 가격에 낙찰받더라도 실거주 목적의 주택 구매와 미래의 기대수익을 예상해 접근했다는 것인데 나의 접근과는 어떠한 점이 달랐으며, 이러한 비교를 통해 해당 지역에 대한 입지분석의 관점을 조금씩 수정 및 보완해나갈 수 있는 것이다.

특히 본인이 계속 2등이나 3등으로 패찰을 하고 있다면 그 지역에 대한 낙찰 확률은 아주 높아져 있다고 볼 수 있다. 이러한 상황이라면 두 가지 관점에서 패찰 원인을 분석해보도록 하자.

지역의 미래 자산가치 상승을 다시 분석하자

실거주 목적의 주택 경매에 대해 많이 언급했지만 본인과 경쟁하는 입찰자들은 대부분 경매를 통한 기대수익으로 접근하고 있을 것이다. 그리고 그 경쟁자들의 미래 기대수익 실현 시점이 한 달 후일지 아니면 10년 후일지는 알 수 없는 노릇이다. 그렇지만 미래 기대수익을 보기 위한 정보를 얻는 것은 정말 깊숙한 개발정보의 내부자가 아닌 이상에는 똑같이 열려있다고 할 수 있다.

그러므로 그 지역에 대한 장기 또는 단기, 긍정적 또는 부정적 정보를 취합해 이를 미래 기대수익에 반영해보도록 하자. 이를 통해 낙찰자의 낙찰가액이 조금 더 이해가 간다면 그 낙찰가액에 대해서도 과도했는지 아니면 적정했는지 평가를 해보며 본인의 경매투자 철학을 만들어가는 것이 필요하다.

나아가 패찰한 현장을 재임장 가보도록 하자. 미래 기대수익 반영이 아니라 현장에서 본인이 임장에서 놓쳤던 무언가의 부분을 그 낙찰자가 발견해 낙찰가격에 이를 반영했을 수도 있다. 아니면 본인은 현장 중개

청약보다 쉬운 아파트 경매 책

사사무소에서 말해주는 급매가격을 기준으로 낙찰가액 기준을 잡았던 성급한 접근을 한 바는 아닌지도 반문해보자.

낙찰 후 지출비용을 높게 잡은 건 아닌지 분석하자

본인이 낙찰 후 지출하게 될 각종 비용을 너무 높게 생각했던 바는 아닌지 분석하자. 대표적인 비용으로는 경락대출비용이다. 이 과정에서 대출 및 취득의 과정까지 마무리해주는 법무사를 소개받아 법무사 등기도 마무리하고는 한다. 참고로 은행에서는 법무사를 통하지 않으면 대출을 해주지 않는다. 은행에서 대출금을 낙찰자에게 직접 줬을 때 그 돈을 혹여 다른 용도로 사용할 위험이 있기 때문이다. 그 외 명도비용, 부동산 수리비용 및 새로운 임차인을 들인다면 공인중개사 비용이 있다.

이와 같이 여러 비용이 지출될 것을 고려해 본인의 예산 일부를 남겨 놓는 경우가 있을 수 있다. 이럴 때는 생각보다 잔금 지급일과의 시차가 있다는 점을 인지해 비용을 잔금지급 전에 충당할 방안이나 관련 비용들을 더 절약할 방안을 모색해보도록 하자.

예를 들어 어느 금융기관을 이용해 대출을 받느냐에 따라 대출한도도 높이고 금리와 중도상환수수료 및 법무사 등기비용 등도 줄일 수 있다.

혼자보다는 모의 입찰 스터디를 하자

혼자 성장하는 것보다는 스터디를 통해 앞서 설명한 두 가지와 그 외 더 다양한 변수 및 그에 따른 해결방안을 얻어갈 수 있다. 집단 지성은 언제나 혼자서 해결하지 못했던 바에 대해 다양한 방안 제시를 줄 수 있다는 것을 잊지 말자.

스터디를 하면서도 본인의 지식을 최대한 남에게 알려준다는 마음으로 임해보도록 하자. 남의 지식만을 훔친다는 마음으로 스터디에 참여한다면 결국 스터디원들도 이를 눈치채고 오랜 시간 관계를 유지하고 싶어하지 않을 것이다. 나아가 내가 남에게 알려준다는 마음으로 이를 공부한다면 그 지식이 장기적으로 본인에게 체화되어 자신의 투자철학이 빠른 시간내 견고해지게 될 것이다.

청약보다 쉬운 아파트 경매 책

경기도 안산시 아파트

임차인이 있는 경우 가장 중요한 것은 경매 낙찰자가 임차보증금을 인수하는지다. 임차인이 대항력이 있으나 우선변제권이 없다면 보증금을 인수할 수 있다. 보증금을 인수한다는 것은 경매 절차가 끝난 후에도 임차인이 계속 거주할 수 있고, 임차인이 퇴거 시 임차보증금을 별도로 주어야 해서 주의가 필요하다. 지금부터 한 번 살펴보자.

1. 경매사건 조회

경기도 안산시 단원구의 한 아파트다. 감정가 4억 9,800만 원으로 시작했는데, 2회 유찰되어 최저매각금액이 2억 4,402만 원으로 하락한 상황이다. 감정가보다 51% 하락한 금액으로 기회가 될 수 있으므로 지역분석, 권리분석, 시세분석을 해보겠다.

진행결과를 보면 매각기일이 두 차례 변경된 것을 확인할 수 있다. 이는 매각 절차상의 하자가 있거나 원채무자나 채권자의 신청으로 연기되는 경우 등이다. 2023년 4월 6일 다시 매각기일이 진행된다는 것을 확인했으니 문제없다.

매각기일	결과	최저매각금액	최저가율(%)
2022.06.23	변경	498,000,000원	100%
2022.09.15	변경	498,000,000원	100%
2023.01.12	유찰	498,000,000원	100%
2023.03.02	유찰	348,600,000원	70%
2023.04.06	진행	244,020,000원	49%

2. 입지분석

먼저 경기도 안산시 단원구의 경매물건 부근 입지분석을 손품을 통해 진행한다. 교통, 직장, 학군, 환경, 공급의 기준으로 간단히 입지분석을 하고 가치가 있다고 생각되면 경매물건 권리분석을 진행한다.

안산시 단원구는 반월국가산업단지가 위치한 곳으로 1만 8천 개의 입주기업과 23만여 명의 종사자가 있어 직주근접 수요가 매우 탄탄하다. 교통의 경우 경매물건 지역에서 도보 20분 거리에 4호선과 수인분

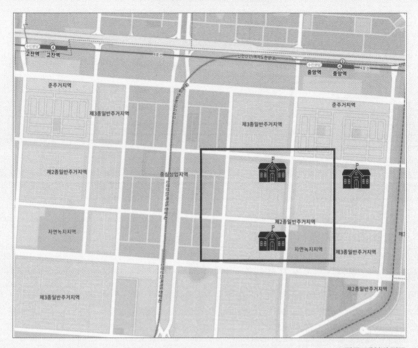

자료: 네이버 지도

당선이 지나는 중앙역이 있다. 2024년 개통될 예정인 신안산선은 중앙역을 지나며 경매물건 지역에서 도보 10분 거리에 신안산선 호수역이 생길 예정이다. 또한 주변에 초·중·고등학교가 모두 위치하고 안산천을 비롯한 공원 녹지지역이 풍부하다. 가치가 있는 지역이라고 볼 수 있다.

중학교 학업성취도 수준의 경우 안산시 전반적으로 좋다고 볼 수는 없지만, 경매물건 지역의 학교는 뛰어난 편이다. 주택 공급량은 안산시 전반적으로 2025년까지 적정 수요량에 비해 부족할 것으로 예상된다.

▌경기도 안산시 아파트 등기권리 ▌

등기권리

번호	접수일자	권리종류	권리자	권리금액	비고
1	2016.12.15	소유	박○○	**290,000,000원**	전소유자 (2016.10.14)
2	2018.12.11	근저	신○○○(○○○○)	**120,000,000원**	**말소기준권리**
3	2020.07.13	근저	삼○○○○○	**100,000,000원**	
4	2021.06.08	근저	홍○○○○○	**300,000,000원**	
5	2021.08.23	임의	삼○○○○○		(2021타경 청구액 100,000,000원)

(열람일 : 2022.12.28)

3. 등기사항증명서 권리분석

말소기준권리의 종류로는 (근)저당권, (가)압류, 경매개시결정기입등기, 담보가등기, 전세권(전세권자가 배당요구 시) 등이 있다. 말소기준권리 전에 권리가 있다면 인수되고, 그 뒤에 있는 권리는 소멸된다.

신○○이 설정한 근저당권이 가장 먼저 설정된 것으로서 말소기준권리가 되며, 이하 권리는 모두 소멸된다. 2020년 7월 13일 근저당권자 삼○○이 임의경매신청을 했음을 알 수 있다. 특별히 문제가 없는 안전한 물건이다.

4. 임차인 권리분석

임차인 박○○씨는 2016년 12월 15일 점유 및 전입신고를 했다. 앞서 등기사항증명서상 말소기준권리인 근저당권은 2018년 12월 11일 성립된 것을 확인했고, 임차인 박○○씨의 점유 및 전입신고가 이에 앞

임차관계					
구분	임차인	성립일자	점유부분/기간	보증금/월세	기타
법원임차조사	박OO	전입 2016.12.15	(현황서상)	200,000,000 원	
주민센터 직접확인	박**	전입 2016.12.15			열람일 2022.06.13
관리비체납	-22년 4월까지 미납없음, 관리비담당 031-				기준일 2022.06.09
관할주민센터	-	주민센터 [고잔동	031·	[홈페이지]	

말소기준권리일자 : 2018.12.11, 배당요구종기일 : 2021.11.08

서므로, 임차인은 대항력을 유효하게 취득한다.

다만 임차인 박○○씨는 확정일자를 갖추지 않은 것으로 파악되며 배당요구를 하지도 않았기 때문에, 임차인은 경매에서 배당받을 수 없으며 임차인의 보증금을 낙찰자가 인수하게 된다. 이 경우 경매 참여 시 보증금 2억 원을 공제해 입찰가를 산정해야 한다.

이러한 사례가 자주 보이는 것은 아니다. 보통 임차인은 전입신고를 하면서 확정일자를 함께 받는 것이 일반적이기 때문이다. 임차인 박○○씨는 경매 절차에서 배당을 받을 수는 없지만 제3자에 대한 대항력이 있기 때문에 경매로 낙찰받아 새로운 소유자가 된 사람에게도 임차권을 주장할 수 있는 것이다. 그리고 이러한 임차인을 추후 내보내기 위해서는 경매 절차와 별도로 임차보증금 2억 원을 주어야 한다. 대항력 있는 임차인에 대해는 경매 낙찰자가 임대인 지위를 승계하기 때문이다.

5. 시세분석

마지막으로 입찰가를 쓰기 위한 시세를 파악해야 한다. 경매 감정가는 실제 시세와 차이가 클 수도 있으므로, 현재의 시세와 실거래가를 파악해 입찰가를 작성해야 한다. 실거래가는 국토교통부 실거래가 공개시스템, 시세는 KB시세와 한국부동산원의 시세를 참고하자.

이 물건의 경우 최근 실거래가가 없는 것으로 파악되어 시세만으로 파악해보겠다. KB시세는 약 4억 4,500만 원에 형성되어 있다. 2023년 4월 6일에 예정된 매각기일의 최저매각금액이 2억 4,402만 원이다. 그리고 임차인 권리분석을 통해 보증금 2억 원을 인수해야 함을 확인했다. 따라서 현재로서는 최저매각금액에 낙찰받는다고 하더라도 시세차익을 거의 볼 수 없는 상황이다. 한 번 더 유찰될 확률이 적지 않아 보인다.

❚ 경기도 안산시 아파트 시세 ❚

매매 시세				2023.03.24. KB부동산 시세
기준일	하위평균가	일반평균가	상위평균가	매매가 대비 전세가
2023.03.24.	**4억1,000**	**4억4,500**	**4억8,000**	**57%**
2023.03.17.	4억1,500	4억4,500	4억8,000	56~57%
2023.03.10.	4억2,500	4억5,500	4억9,000	55~58%
2023.03.03.	4억2,500	4억5,500	4억9,000	56~59%

자료: 네이버 부동산

6. 경매 결과

해당 경매물건은 2023년 4월 6일 경매기일이 변경되었다. 즉 아직 낙찰되지 않았고 추후 다시 경매기일이 잡힐 것이다. 경매기일 변경도 종종 볼 수 있는 사례다. 채무자가 채무 일부를 변제하는 등의 이유로 채권자가 경매기일 연기신청을 할 수 있다. 또한 이해관계자에게 경매 관련 서류 송달이 되지 않거나 법원 경매정보를 오기하는 경우 등에는 법원이 경매기일을 변경할 수도 있다. 기일이 변경된다고 해서 앞서 진행한 권리분석의 내용이 바뀌는 것은 아니니 차분히 다음 기일을 기다려서 다시 입찰에 도전하면 된다.

5장 낙찰받으러 경매법원에 가자!

6장

인도 및
명도에서
스트레스받지
않는 비법

명도, 생각보다 어렵거나
위험하지 않다

어렵지 않은 명도 과정

많은 이가 부동산 경매에 도전하지 못하는 이유는 바로 명도 과정이 어렵고 힘들 것으로 생각하기 때문이다.

명도란 경매로 낙찰받은 부동산을 점유하고 있는 소유자 또는 임차인을 내보내는 과정을 일컫는다. 경매는 부동산 소유자가 빚을 갚지 못해서 본인이 가진 가장 큰 재산인 부동산이 강제 매각되는 과정이기도 하므로, 어려움에 처한 소유자나 임차인이 순순히 점유를 넘겨주지 않을 것으로 생각하기 쉽다.

그러나 이는 정말 큰 오해다. 대부분의 부동산 경매에서 명도 과정이 특별한 문제를 발생시키지 않는다. 법적으로 권한이 없는 불법점유자인 경우가 많고, 경매 절차와 국가의 공권력을 통해 쉽게 해결할 수 있기 때문이다. 낙찰자는 부동산 소유자로서 정당한 권한을 갖고 있으므로 명도를 두려워할 필요가 전혀 없다.

그리고 명도 과정에서 혹시라도 문제가 발생한다면, 보통 소유자가 아닌 임차인이 문제가 될 수 있다. 소유자의 경우 부동산 경매 과정에서 낙찰자로 소유자가 바뀌므로 부동산을 점유할 권한이 없다. 반면 임차인의 경우 대항력 소지 여부에 따라서 부동산 점유권한이 있는 경우도 있으며, 빚을 못 갚은 건 부동산 소유자이지 임차인이 아니기에 경매 절차에 대해 반감을 가질 수 있다.

세 가지 타입의 임차인 명도 과정

그렇다면 임차인이 점유하는 상황에서의 명도 과정을 이해하는 것이 필요하다. 임차인은 보통 세 가지 경우로 나눌 수 있다.

① 경매 절차를 통해 임차보증금 전액을 배당받는 자
② 경매 절차를 통해 임차보증금 일부를 배당받는 자
③ 경매 절차를 통해 임차보증금을 전혀 배당받지 못하는 자

이런 경우 중에서 보증금을 전부 배당받거나 일부 배당받는 임차인은 명도 과정에서 전혀 문제될 것이 없다. 왜냐하면 이러한 임차인은 경매

낙찰자와 이해관계가 일치하는 사람이기 때문이다. 임차인이 경매 절차에서 임차보증금을 배당받기 위해서는 경매 낙찰자의 인감증명서, 명도확인서 등을 법원에 제출해야 하는 등 낙찰자의 협조가 필요하다. 낙찰자가 서류를 주지 않는다면 임차인은 보증금을 배당받을 수 없게 될 수도 있는 것이다.

또한 임차인 입장에서는 경매를 통해 보증금 전액을 받기 위해서는 경매 입찰 참여자들이 높은 입찰가를 써야 한다. 만약 해당 부동산이 입찰 참여자들에게 외면받아 낮은 가격에 낙찰된다면 자칫 임차보증금보다 낙찰가가 더 낮아져서 배당을 전부 받지 못하는 결과가 생길 수 있다.

따라서 임차인은 경매 매각기일 전에 해당 부동산에 관심을 두는 입찰 참여자에게 부동산 내부를 보여주거나 알고 있는 부동산 관련 정보를 제공하는 등 협조를 하는 것이 보통이다. 그래야 경매 절차에서 낙찰가액을 제대로 받을 수 있기 때문이다. 다만 임차인 중 세 번째 경우인 임차보증금을 전혀 배당받지 못하는 임차인의 경우 명도 과정에서 문제가 발생할 수 있다. 어차피 해당 부동산이 높은 가격에 낙찰되더라도 보증금을 전혀 회수할 수 없는 임차인이기 때문에 경매 절차에 협조할 이유가 없기 때문이다.

보통 전입신고를 하지 않았거나, 저당권이 설정된 뒤에 전입신고를 해서 대항력이 없게 된 임차인이 이러한 경우에 해당한다. 전세보증금을 1억~2억 원씩 주고 들어왔지만 경매로 인해 쫓겨나면서 보증금을 완전히 상실하게 되는 것이다. 경매가 끝나면 이런 임차인은 아무런 권리가 없으니 퇴거할 의무가 있고, 보증금을 상실해 마땅히 이사 갈 형편이 안 될 수 있다.

마음이 좋지 않을 수는 있지만, 이 경우에도 당연히 소유자인 낙찰자는 임차인을 내보낼 권한이 있다. 특히 경매 과정에서는 인도명령이라는 특수한 절차를 통해 다른 일반적인 법적 절차보다 손쉽게 강제집행을 할 수 있다. 따라서 임차인에게 '마음은 안타깝지만, 인도명령 절차를 통해 어차피 나가셔야 하며 제가 법적 의무는 없지만 소정의 이사비용을 지원 드릴 것이니 이사해주시면 감사하겠다'는 의사를 전달하면 된다.

이러한 과정을 설명했는데도 불구하고 퇴거하지 않는 임차인도 간혹 있다. 그래도 전혀 당황할 필요는 없다. 인도명령 절차를 통해 강제집행을 할 수 있기 때문이다. 먼저 법원 집행관을 통해 강제로 문을 열어 계고장을 붙여 강제집행을 할 수 있다는 공문을 전달하는 과정이 진행된다. 대부분 이 과정에서 심리적인 압박을 느껴서 이사 가기 마련이다.

그래도 만약에 퇴거하지 않는 경우 집행관과 노무인원이 현장에 가서 강제집행을 실시해, 점유자와 점유자의 동산을 모두 퇴거시키게 된다. 이러한 과정에서 경매 낙찰자가 해야 할 일은 소정의 노무비 납부뿐이다. 낙찰자가 직접 스트레스를 받아가면서 물리력을 행사하는 것이 전혀 아닌 것이다.

인도명령과 강제집행
절차에 대해서 알아보자

부동산 인도명령이란 경매 낙찰자가 매각대금을 지급해 유효한 소유권을 취득했음에도 불구하고 전소유자나 점유자가 해당 부동산을 계속 점유하고 있는 경우, 낙찰자가 그 부동산을 회복할 수 있도록 하는 제도다 (「민사집행법」 제136조 제1항 본문).

이는 낙찰자에게 매우 유리한 굉장히 강력한 권한이다. 공매와 일반적인 매매의 경우 부동산의 소유자라 하더라도 부동산의 불법점유자로 하여금 퇴거하도록 하려면 명도소송을 거쳐서 승소판결문을 받아야 점유자에게 강제집행을 실시해 점유를 회복할 수 있기에 지난한 과정이 걸릴 수 있다.

그러나 부동산 인도명령은 별도의 소송을 거치지 않더라도 곧바로 점유자에게 강제집행을 실시할 수 있기 때문에 시간과 비용을 크게 단축할 수 있어 매우 강력하고 효율적인 제도다.

명도소송과 무엇이 다를까

부동산 명도소송은 부동산 소유자가 현재 권한 없이 부동산을 점유하고 있는 사람으로 하여금 점유를 넘겨달라고 요청하는 소송이다. 소장을 작성하고 변론기일을 거쳐 승소판결문을 받아 강제집행을 통해 점유를 이전받게 된다. 이러한 과정이 6개월에서 길면 2년까지도 걸릴 수 있다. 또한 본인이 직접 소송을 진행하는 것이 아닌 이상 변호사 비용이 들게 된다.

그와 달리 인도명령은 소송을 거치지 않고 곧바로 강제집행을 실시할 수 있다. 인도명령은 경매에서 낙찰대금을 납부한 뒤 6개월 이내에 인도명령을 신청할 수 있다. 인도명령이 나오는 기간은 통상적으로 2~4주 정도다. 1년 이상 걸릴 수도 있는 명도소송보다 훨씬 빠르게 진행되고 신청비용은 약 10만 원에 불과하다.

주의할 점은 부동산 인도명령은 낙찰대금 납부 후 6개월 이내에만 가능하다. 만약 낙찰대금 납부 후 6개월이 도과해버리면 부동산 인도명령을 신청할 수 없고 명도소송을 제기해야 한다.

인도명령 신청방법

낙찰대금 납부 후 가장 먼저 할 일은 인도명령을 신청하는 것이다. 먼저

청약보다 쉬운 아파트 경매 책

인도명령을 신청하게 되면 대부분 1~2주 이내에 인도명령 결정문이 송달될 것이다. 그 이후에는 대부분 점유자는 인도명령에 대한 법원의 결정문에 압박과 당황함을 느끼게 되며 먼저 낙찰자에게 전화하는 경우도 많다.

이를 통해 낙찰자는 먼저 이사비용을 저자세로 흥정하는 일도 발생하지 않고, 점유자에게 오히려 인도명령은 절차상의 방식일 뿐이며 이사비용에 대한 협의가 잘된다면 전혀 신경 쓸 바가 아니라고 말할 수도 있다. 언제든지 이사비용에 대한 협의는 어그러질 수 있고 그렇다면 이미 진행되고 있는 인도명령 절차를 통해서 점유자에게 압박을 가한다면 빠른 명도가 이뤄질 수 있는 것이다.

인도명령 신청방법은 매우 간단하다. 부동산 인도명령신청서를 작성하고 현재 부동산 점유자를 표시하며, 낙찰대금 완납증명서, 부동산 목록을 첨부하면 된다.

1. 인도명령의 신청

낙찰자 및 낙찰자의 상속인이 매각대금 완납 시부터 6개월 이내에 인도명령 신청이 가능하다.

2. 인도명령결정 및 결정문 송달

서면 심리 또는 심문, 변론을 통해 인도명령의 허·부를 결정하게 된다. 다만 채무자·소유자 외의 자에 대해 인도명령을 함에는 그 점유자를

부동산인도명령신청서

인지
1,000원

사건번호: 20   타경

신 청 인:

　　(주소)

피신청인:

　　(주소)

신 청 취 지

피신청인은 신청인에게 별지 목록 기재 부동산을 인도하라는 재판을 구합니다.

신 청 이 유

　위 사건에 관하여 신청인(매수인)은 20　.　.　. 매각대금을 낸 후 피신청인 (□채무자, □소유자, □부동산 점유자)에게 별지 기재 부동산의 인도를 청구하였으나 피신청인이 이에 불응하고 있으므로, 민사집행법 제136조제1항의 규정에 따른 인도명령을 신청합니다.

20　.　.　.

　　　신청인(매수인)　　　　　　　（서명 또는 날인）

　　　연락 가능한 전화번호:

법원 귀중

심문한다. 점유자가 제3자에게 대항할 수 있는 권원에 의해 점유하고 있지 않음이 명백한 경우 심문을 하지 않을 수 있다. 인도명령결정문은 점유자, 소유자에게 등기로 송달된다.

3. 인도명령결정문 송달증명원의 발급

인도명령결정문이 송달이 되면, 법원 경매계에 방문해 송달증명원을 발급받는다.

4. 강제집행 신청

관할법원 집행관 사무실에서 인도명령결정문과 송달증명원 및 강제집행신청서를 작성해 제출한다.

5. 집행비용 예납

강제집행신청서를 제출한 뒤, 집행관이 주는 강제집행 사건번호가 기재된 접수증과 집행비용예납 서류를 지참해 법원에서 지정한 은행에 집행비용 예납한다.

6. 강제집행 계고

집행관이 추후 강제집행을 실시할 것이라는 계고장을 현관문에 기재하는 절차다. 점유자가 문을 열어주지 않는 경우 강제로 문을 열 수 있으며 이 경우 10만 원 정도 비용이 든다.

7. 노무비 및 운반차량 비용 납부

집행계고에도 점유자가 퇴거하지 않는 경우 강제집행을 위한 노무비를 예납한다. 노무비용은 사정에 따라 달라지고 노무 인원이 증가하거나 장비가 필요하면 증액될 수 있지만, 보통 1인에 대해서 13만 원 내외가 들게 된다. 짐이 많거나 무거운 가구가 있어 노무인원이 많이 필요하거나 중장비가 필요한 경우는 노무비용이 추가될 수 있다. 참고로 노무자들은 법원 집행 조끼를 입고 있어 동원된 노무자의 수를 파악하기 쉽다.

그 외 운반차량은 2.5톤 화물차 30만 원, 5톤 화물차 50만 원(사다리차 비용 별도)가량이 들어가고, 보관료는 5톤 컨테이너 한 대 기준 1개월에 25만 원 내외이며 3개월분을 미리 선납해야 한다.

8. 강제집행 실시

집행관과 노무인원이 함께 현장에서 강제 집행을 실시한다. 점유자의 물건을 보관하는 비용이 추가로 들 수 있다.

9. 최고서 발송 및 유체동산 매각 신청

낙찰자는 강제집행 후 보관창고로 옮겨진 짐에 대한 보관료를 내고 있기 때문에 비용 부담을 덜어주기 위해 짐을 찾아가라는 최고서를 발송한다. 최고서가 없으면 유체동산 경매 절차를 밟을 수 없다. 최고서 발송 후 일주일이 지나면 보관창고에 있는 짐의 유체동산매각을 신청하자. 유체동산 경매를 위한 집행비용 예납금은 법원 은행에 납부하면 감정인에 의해 유체동산 가격을 산정하게 된다.

10. 집행비용 확정결정 신청 및 유체동산 경매실시

낙찰자가 점유자 상대로 부동산 인도집행에 소요된 제반비용을 청구하는 단계이다. 이 결정을 받아야 유체동산의 매각대금을 압류할 수 있다.

유체동산은 일괄 경매, 호가 경매 방식으로 진행된다. 낙찰금은 매각수수료, 여비, 보관비용 등의 집행비용을 공제하고 나머지가 있으면 채권자에게 배당되거나 집행관이 법원에 공탁한다. 집행비용 확정결정을 받은 경우 이 금액을 배당받을 수 있다.

6장 인도 및 명도에서 스트레스받지 않는 비법

혹시 몰라 알아두는
명도소송

부동산 경매에서 실제로 명도소송을 진행하는 경우는 많지 않다. 앞서 본 바와 같이 인도명령을 통해 소송을 거치지 않아도 불법점유자에게 강제집행을 실시할 수 있기 때문이다.

그러나 부동산 경매에서 매각대금을 완납한 뒤 6개월이 지나버려 부동산 인도명령 신청기간이 도과된 경우 명도소송을 진행해야 한다. 또한 전 소유자, 점유자 등 인도명령을 받는 사람 이외의 사람이 해당 부동산을 점유하고 있는 경우에는 명도소송을 해야 한다.

명도소송

명도소송은 매수인, 매수인의 상속인이 제기할 수 있으며, 명도소송의 제기기간은 인도명령과 달리 제한이 없다. 명도소송 판결이 나고 집행문이 발효되면 강제집행을 통해 해당 부동산 점유를 가져올 수 있다.

명도소송비용으로는 명도소송을 직접 진행한다면 인지대와 송달료만 필요하다. 다만 보통 변호사를 선임하게 되므로 변호사 비용이 들게 되며, 변호사 선임료는 사건의 난이도에 따라 비용이 달라진다.

명도소송 절차

변호사가 소장을 작성해 법원에 접수하며, 소장을 받은 부동산 점유자는 30일 이내에 답변서를 법원에 제출한다. 그 후 재판부는 변론기일을 잡게 된다. 명도소송의 난이도나 증거의 충분성 등에 따라 변론기일이 여러 번 잡힐 수도 있으며 조정기일을 잡기도 한다. 변론이 끝나면 재판부에서 판결을 내린다.

판결문에서는 "임차인은 임대인에게 건물을 인도하라."라는 결정문이 적히게 된다. 판결이 나왔는데도 점유자가 점유를 인도하지 않는다면 부동산 인도 강제집행을 신청한다.

명도소송 기간

평균적인 명도소송 기간은 4~6개월 정도다. 상대방 점유자가 시간을 끌지 않는다면 2개월 내에도 끝날 수 있지만, 다툼이 첨예하게 이어질 경우 2년까지도 걸릴 수 있다. 즉 기간에 영향을 미치는 것은 상대방의 대립 정도다.

점유이전금지 가처분 신청

부동산 명도소송을 제기할 때 꼭 유의해야 하는 점은 반드시 점유이전금지가처분을 함께 신청해야 한다는 것이다. 변호사를 통해 소송을 진행하는 경우 명도소송과 함께 신청을 하기 때문에 큰 문제가 안 되겠지만, 직접 소송을 수행할 때 간혹 빠뜨리는 경우가 있으니 주의하자.

점유이전금지가처분이란 점유를 이전하는 것을 금지한다는 뜻으로, 명도소송이 진행하는 도중에 피고인 점유자가 다른 사람에게 점유를 넘기는 것을 금지하는 가처분으로 명도소송 제기 시 점유자가 소송진행 도중에 부동산을 타인에게 이전하게 되면 기존 점유자를 상대로 받은 판결문은 아무런 효과가 없기 때문이다.

판결문의 효력은 판결문에 피고로 적힌 자에게만 미친다. 점유자 A가 소송을 수행하는 중에 B에게 점유를 넘기고 이사를 간 경우, 판결문의 피고는 A이기 때문에 B에게 판결문을 제시해봐야 소용이 없다. 이 경우 새로운 건물 점유자인 B를 상대로 다시 처음부터 명도소송을 진행해야 한다.

명도소송 전 내용증명을 활용하자

명도소송은 이처럼 오랜 시간과 큰 비용이 드는 어려운 과정이다. 하지만 명도소송을 하지 않고도 점유자를 내보내는 방법이 있다. 바로 내용증명을 활용하는 것으로 내용증명만으로도 심리적 압박을 통해서 점유자를 내보내는 경우가 적지 않다.

내용증명이란 '발신인이 수신인에게 어떤 내용의 문서를 언제 발송했다'라는 사실을 우체국이 증명하는 제도를 말한다. 즉 임차인에게 보내는 내용증명은 부동산 낙찰 이후에도 임차인이 점유할 경우 불법점유가 되며 부당이득이 발생한다는 사실을 문서로 전달하는 것이다. 변호사를 통해서 내용증명을 보내면 상대방 입장에서는 추후 소송과 강제집행 등 법적 절차가 이루어진다고 생각하고 심리적 압박을 더 크게 받을 수 있다.

내용증명에 관해서는 정해진 양식이 존재하지는 않는다. 부동산 경매 관련 내용증명에서 필요한 부분을 정리한 다음 페이지 예시를 참고하자.

명도소송 내용증명 예시

수 신 : ０ ０ ０
발 신 : ０ ０ ０

경매 낙찰 부동산의 표시 : 서울특별시 강남구
경매사건번호 : 서울중앙지방법원 경매0계 2018 타경 311 부동산 임의경매

1. 발신인은 2023년 08월 00일 서울중앙지방법원에서 진행된 2018 타경 311 부동산 임의경매사건에서 부동산을 낙찰받아 2023년 00월 00일 동 법원에서 매각허가결정을 받은 낙찰자 겸 매수인입니다.

2. 수신인께서는 임차인으로서 대항력이 배당기일이 후 소멸이 되며, 낙찰자의 인감증명과 명도확인서를 통해 배당금을 수령할 수 있습니다. 발신인과 임차계약을 원하신다면 협의하겠습니다.

3. 발신인은 상기 부동산의 매각 잔대금을 00년 00월 00일까지 완납할 예정이며 소유권이전에 필요한 준비를 마쳤습니다. 상기 날짜에 잔대금이 완납될 경우, 발신인은 소유권을 취득하게 되며 등기표시와 상관없이 잔대금 완납일과 동시에 부동산의 소유권자가 됩니다.

4. 수신인과 그 가족 분들이 잔금 완납일 이후에 부동산을 점유할 경우 이는 불법점유가 되며 월세 상당의 부당이득이 발생합니다. 수신인은 배당기일부터 부동산 점유이전일까지 매달 00원의 부당이득금을 반환해야 합니다. 또한 강제집행이 진행된다면 강제집행비용까지 부담하게 될 수 있습니다.

5. 부동산 점유이전이 완료되면 낙찰자인 발신인의 인감이 날인된 명도확인서와 인감증명서 등을 첨부하여 법원에서 수신인의 보증금을 받아 가실 수 있으며, 이는 부동산 점유이전과 동시 이행의 관계입니다.

6. 부동산 명도의 지연으로 인해 수신인이 형사상, 재산상의 불이익을 당하는 일이 발생하지 않도록 협조를 부탁드리며, 발신인 역시 수신인의 원만한 부동산 명도를 위해 노력하겠습니다. 귀하의 건강과 건승을 기원합니다.

끝.

현명하게 대응하는
명도 비법 Q&A

Q. 낙찰받은 주택에 전 소유자가 거주 중이라 명도 걱정이 앞섭니다. 무엇부터 해야 할까요?

낙찰받고, 대금 납부가 완료되었다면 경매계에 가서 인도명령결정 신청을 바로 하자. 법원에 주문할 형식은 '피신청인은 신청인에게 별지목록 기재 부동산을 인도하라'라고 하면 된다. 인도명령결정 신청은 대금 완납 후 반드시 6개월 이내에 해야 한다. 6개월이 넘으면 강제집행 신청이 불가능하고, 명도소송을 해야 한다. 단, 인도명령결정을 받으면 강제집행은 6개월이 경과해도 가능하다.

해당 부동산의 점유자가 낙찰자에게 대항할 수 있는 특별한 사유가 없는 한 낙찰자가 인도명령을 신청하면 신청일로부터 3일 안에 결정문이 나온다. 이 결정문은 상대방에게 송달이 되어야 하므로 낙찰자는 송달 신청을 1차는 경매계에 2차는 집행관실에 하면 된다.

인도명령 신청 후 사건번호를 부여받으면 '나의 사건검색'에서 도달 여부를 확인해야 한다. 간혹 '점유자가 2개월 내 이사 간다고 했어요', '소정의 이사비를 주고 협의를 마쳤어요' 등의 이유를 들어 인도명령 신청하는 것을 꺼리는 낙찰자가 있다.

하지만 이사 협의가 잘되더라도 가급적 인도명령을 신청하자. 이사가 지연되는 대표적인 경우가 발생할 수 있기 때문이다. 처음엔 3개월 내 이사 간다고 했던 점유자가 이런저런 핑계를 대다가 결국에는 태도를 바꿔 못 나간다고 버티는 경우가 생기기 때문이다. 뒤늦게 인도명령을 신청하느라 잔금납부 후 6개월이 지나버리는 경우가 발생하기도 하고, 6개월 이내에 인도명령을 가까스로 신청하긴 했지만 틀어진 관계로 인해 송달을 안 받으면서 시간이 계속 지연되어 결과적으로 낙찰자에게 큰 부담으로 작용하는 경우도 있다. 대출이자는 계속 나가는데 수개월이 지나도록 해당 부동산을 사용 수익하지 못하면 나만 손해다.

이렇게 인도명령을 바로해야 하는 이유는 크게 세 가지다.

① 점유자와 서로 협의가 잘될 때 송달을 용이하게 하고자 함이다.
② 점유자에게 이사 기한의 여유를 주면서 깜빡하는 사이 신청기한을 넘기지 않기 위해서다.
③ 법원 절차상의 이유 때문이다.

청약보다 쉬운 아파트 경매 책

Q. 인도명령 신청을 하면 무조건 강제집행을 해야 하나요?

꼭 강제집행을 해야 하는 것은 아니다. 협의가 잘되어 이사했다면 강제집행을 취하하는 방식을 취할 수도 있다. 하지만 점유자와 단순히 구두로 이사를 합의하더라도 인도명령결정문을 동시에 진행해 이를 상대방이 송달받았다면 단순히 구두합의 이외에도 다른 절차상 진행이 동시에 이행된다는 점을 인지하게 되고, 이에 따른 명도 약속을 이행해야 하는 점에 대한 체감강도는 다르게 된다.

약속대로 제때 이사를 가면 강제집행은 취하하면 되고, 이사 합의를 지키지 않으면 강제집행을 신청해 결과적으로 이사를 일부러 지연시키는 경우에도 명도기간을 단축할 수 있다. 구두합의와 별도로 인도명령결정문을 상대방이 송달받았을 때 기분 나쁘다며 화내는 경우에는 대부분 처음부터 이사하겠다는 약속을 이행할 마음이 없는 사람인 경우가 많다는 점도 알아두자.

Q. 인도명령결정문 송달이 안 되고 있다면 어떻게 하죠?

강제집행을 신청하려면 관할법원 집행관 사무실에 방문해 인도명령결정문 정본, 송달증명원, 집행문, 강제집행 신청서를 제출해야 한다. 그러므로 아무리 인도명령결정문이 나왔어도 송달이 되지 않으면 무용지물이 된다. 이런 이유로 법을 잘 아는 점유자가 일부러 송달을 기피하면서 일정이 지연되는 경우도 많다.

우체국에서 보낸 우편송달이 도달하지 않았으면 재송달보다는 특별송달을 신청해보자. 우편송달은 집배원이 가지만 특별송달은 법원 집행관이 간다. 특별송달에는 통합, 주간, 야간, 휴일송달이 있다. 통합송달은 주간, 야간, 휴일에 각 한 번씩 총 세 번 가는 송달방법이다. 그 외 특별송달은 선택한 방법으로 3회까지 방문해보고, 송달물 교부에 실패하면 송달불능으로 처리한다.

예를 들어 송달 대상자가 직장생활자라면 주간송달보다는 야간 송달 또는 휴일 송달을 신청하는 등으로 활용하도록 하자. 특별송달료는 법원마다 금액이 다르고 도서지역, 거리 및 소요시간에 따라 차이가 날 수 있으며 대개 2만 원 내외의 금액이다.

마지막으로 송달신청을 했다고 가만히 기다리지 말고, 송달 담당자에게 적극적으로 의사표현을 하도록 하자. 송달 대상자가 직장인으로 7시 이후에 퇴근해 집에 돌아오니 그 시간 이후로 송달해달라는 식으로 적극적으로 의사를 표현한다면 민원우려로 인해 집행관은 더욱 신경을 쓸 수밖에 없을 것이다.

Q. 낙찰받은 빌라에 채무자가 월세로 거주를 원한다면 어떻게 할까요?

낙찰 이후 새로운 임차인을 찾기 위한 과정을 줄이고, 공인중개사 비용도 덜 수 있다는 생각이 들 수 있다. 나아가 채무자에게 거주를 준다면 왠지 마음의 짐도 덜 수 있다는 생각이 들 수 있다. 하지만 그 계약조건을 곰곰이 고민해보자.

예를 들어 빌라 낙찰 후 보증금 300만 원에 월 100만 원으로 계약을

청약보다 쉬운 아파트 경매 책

했다고 가정한다면 보증금을 받았다고 한들 3개월 월세가 밀리면 받아 두었던 보증금은 전부 상계되고 오히려 월세를 밀렸을 때의 스트레스를 다시 받게 되는 구조가 될 수 있다. 지금의 채무자는 채무변제 능력이 없어서 해당 물건이 경매로 나왔다는 점을 절대 잊지 않도록 하자.

더한 문제는 여기서 발생한다. 그렇게 임대차계약을 하게 되면 선행되었던 인도명령결정이 소멸되어 강제집행을 진행할 수 없게 된다. 임대차계약은 당사자의 의견 합치로 성립되므로 이는 보증금을 받아야만 계약이 이뤄진 것이 아니다. 보증금을 못 받음에 대한 손해배상 및 이의제기는 민사소송을 통해 별도로 진행하고, 임대차계약서를 통해 증빙된 이상 정당한 권원에 의한 점유이므로 강제집행을 할 수 없게 되는 것이다.

이건 채무자가 해당 빌라를 구입하겠다고 해서 매매계약을 체결한 이후에도 마찬가지다. 매매계약을 하겠다고 매매계약서를 작성한 후 계약금을 입금하지 않아도 매매계약 자체로 인해 인도명령결정이 소멸되어 강제집행을 할 수 없게 된다. 매매계약에 따른 계약금을 못 받는 경우 등에 대해서는 민사소송으로 진행해야 하는 별도 업무이기 때문이다.

Q. 채무자가 인테리어를 뜯어간다고 합니다. 이게 말이 됩니까?

부동산의 소유자는 그 부동산에 부합한 물건의 소유권을 취득하며 해당 부동산은 감정평가사에 의해 적합한 감정이 이뤄진 대상이다. 부합이 인정되는 결합의 정도는 ① 훼손하지 않으면 분리할 수 없거나 ② 분리에 과다한 비용을 요하는 경우 ③ 분리하게 되면 경제적 가치가 심히

감소하는 경우다.

　따라서 채무자가 설치한 전등처럼 훼손하지 않고 분리할 수 있는 것이라면 동산으로 취급되어 가져갈 수 있지만, 세 가지의 경우에 해당하는 인테리어는 뜯어갈 수 없다. 이를 뜯는다면 재물손괴죄에 해당되어 3년 이하의 징역 또는 700만 원 이하의 벌금에 처해진다. 사진을 잘 찍어둔 후 이를 잘 고지하도록 하자.

경기도 시흥시 아파트

이번에 보게 되는 물건은 전세권이 설정되어 있다. 일반적으로 임차인은 전입신고와 확정일자만 갖추면 대항력과 우선변제권을 갖게 되어 별도로 전세권을 설정하지 않았다. 임차인 권리를 보호하는 「주택임대차보호법」을 통해 채권인 임차권이 물권인 전세권처럼 강한 효력을 갖게 되기 때문이다. 그럼에도 여러 가지 사유로 전세권을 설정하는 경우가 있으므로 전세권 역시 꼭 공부해야 하는 사안이다. 이번에는 법인이 전세권을 설정한 사례를 살펴보자.

1. 경매사건 조회

경기도 시흥시 정왕동의 한 아파트다. 감정가 4억 2천만 원으로 시작했는데, 2회 유찰되어 최저매각금액이 2억 580만 원으로 하락했다. 감정가보다 51% 하락한 금액으로 기회가 될 수 있으므로 지역분석, 권리분석, 시세분석을 해보겠다.

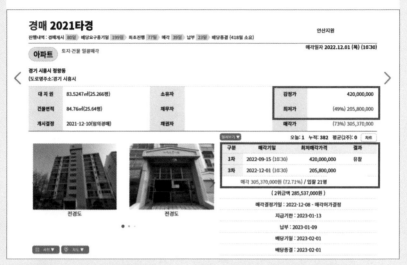

구분	매각기일	최저매각가격	결과
1차	2022-09-15 (10:30)	420,000,000	유찰
2차	2022-10-27 (10:30)	294,000,000	유찰
3차	2022-12-01 (10:30)	205,800,000	
매각 305,370,000원 (72.71%) / 입찰 21명 /			
(2위금액 285,537,000원)			

2. 입지분석

먼저 손품으로 경기도 시흥시 경매물건 부근 입지분석을 해보겠다. 교통, 직장, 학군, 환경, 공급의 기준으로 간단히 입지분석을 하고 가치가 있다고 생각되면 경매물건 권리분석을 진행한다.

해당 경매물건 지역은 반월국가산업단지가 위치한 곳으로 1만 8천

청약보다 쉬운 아파트 경매 책

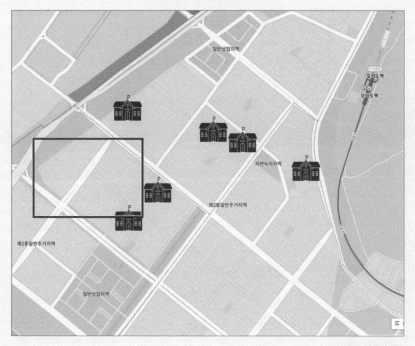

자료: 네이버 지도

개의 입주기업과 23만여 명의 종사자가 있어 직주근접 수요가 매우 탄탄하다. 교통의 경우 경매물건 지역에서 가장 가까운 역은 수인분당선과 4호선이 지나는 오이도역이며 도보로 30분 거리다. 오이도역은 2025년에 개통될 예정인 시흥경전철이 지나는 곳이기도 하다.

또한 아파트 주변 도보 10분 거리에 초·중·고등학교가 모두 있다는 장점이 있다. 중학교 학업성취도 기준상 학군이 좋은 지역으로 볼 수는 없지만 오이도역 부근에 학원가가 형성되어 있다. 환경의 경우 주변에

옥구공원, 곰솔누리숲 등 녹지가 많이 조성되어 있고 상권 역시 역 주변으로 골고루 발달해 있다.

시흥시는 2023년에는 주택 공급 과잉이지만 2024년과 2025년에는 공급이 부족한 상황이다.

3. 등기사항증명서 권리분석

말소기준권리의 종류로는 (근)저당권, (가)압류, 경매개시결정기입등기, 담보가등기, 전세권(전세권자가 배당요구 시) 등이 있다. 말소기준권리 전에 권리가 있다면 인수되고, 그 뒤에 있는 권리는 소멸된다.

○○발전(주)이 설정한 전세권이 가장 먼저 설정되었고 배당요구를 한 것으로 확인되어 말소기준권리가 된다. 이하 모든 압류는 경매를 통해 소멸된다. ○○발전(주)의 경우 아마도 직원 숙소로 제공하기 위해 임대차계약을 체결했을 것이다.

법인은 원칙적으로 「주택임대차보호법」을 적용받지 못한다. 주민등록을 자신의 명의로 할 수 없을 뿐만 아니라, 사원 명의의 주민등록으로

‖ 경기도 시흥시 아파트 등기현황 ‖

등기현황

접수일자	권리종류	권리자	채권금액	비고	소멸
2016-12-30	전세권(전부)	발전(주)	210,000,000원	기준권리	소멸
2017-03-06	압류	국(부천세무서)			소멸
2018-01-04	압류	국(시흥세무서)			소멸
2019-08-05	압류	국민건강보험공단			소멸
2021-12-10	임의경매	발전(주)	210,000,000원		소멸

대항력을 갖추어도 이를 법인의 주민등록으로 인정할 수 없기 때문이다. 예외적으로 한국토지주택공사와 주택사업을 목적으로 설립된 지방공사, 「중소기업기본법」제2조에 따른 중소기업에 해당하는 법인이 임차인인 경우에는 일정 요건 하에 대항력이 인정된다.

사례의 법인은 예외에 해당하는 법인이 아니거나 대항력 요건의 충족이 어려워서 전세권을 설정한 것으로 보인다.

4. 임차인 권리분석

임차인은 ○○발전(주)로, 등기사항증명서상 전세권자이기도 하다. 법인은 원칙적으로 전입신고가 불가능하고, 전입신고와 확정일자도 미상이므로 「주택임대차보호법」상 대항력은 없다고 판단된다. 그러나 ○○발전(주)는 전세권을 설정해 두었으므로 전세권자로서 배당요구를 할 수 있고 2021년 12월 24일 배당요구를 했다. 배당요구종기일인 2022년 2월 28일 이전에 한 적법한 배당요구이며 경매 절차에서 배당받고 전세권은 말소될 것이며 임차인 ○○발전(주)은 퇴거할 것이다.

▌경기도 시흥시 아파트 임차현황 ▌

임차현황		· 기준권리일: 2016.12.30	· 배당요구종기일: 2022.02.28		
임차인	점유부분	전입/확정/배당	보증금/차임	배당예상금액	대항력
발전(주)	주거용 1002호 전부	전입일자: 미상 확정일자: 미상 배당요구: 2021.12.24	보증금액: 210,000,000원	배당순위있음	
기타사항		☞목적물에 대하여 현황조사차 방문하였으나 패문부재로 소유자 및 점유자를 만나지 못하였음. ·'안내문'을 부착하여 두었으나 점유관계를 확인할 수 없으므로 발행관서에서 확인한 전입세대열람 내역 결과를 기재함. ·전입세대열람 내역에 해당 주소에 전입세대가 없음. · 주식회사: 이 사건 신청채권자임.			

5. 시세분석

마지막으로 입찰가를 쓰기 위한 시세 파악이다. 경매 감정가는 실제 시세와 차이가 클 수도 있으므로, 현재의 시세와 실거래가를 파악해 입찰가를 작성해야 한다. 실거래가는 국토교통부 실거래가 공개시스템,

┃ 경기도 시흥시 아파트 시세 ┃

매매 실거래가	2023.03. 국토교통부 기준
계약월	매매가
2022.10.	**3억 4,900(27일,3층)**
2022.09.	3억 4,800(17일,5층)

매매 시세		✔ 한국부동산원	KB부동산	부동산뱅크
기준일	하한가	상한가	평균변동액	매매가 대비 전세가
2022.11.28.	3억4,000	4억	-	73~77%
2022.11.21.	3억4,000	4억	-	73~77%

매매 시세		✔ 한국부동산원	KB부동산	부동산뱅크
기준일	하한가	상한가	평균변동액	매매가 대비 전세가
2022.11.25.	3억5,000	3억6,000	3억7,000	71~75%
2022.11.18.	3억5,000	3억6,000	3억7,000	71~75%

자료: 네이버 부동산

청약보다 쉬운 아파트 경매 책

시세는 KB시세와 한국부동산원의 시세를 참고하자.

실거래가의 경우 2022년 9월 3억 4,800만 원, 2022년 10월 3억 4,900만 원에 거래된 기록이 있다. 시세는 한국부동산원의 경우 약 3억 7천만 원, KB부동산의 경우 약 3억 6천만 원에 형성되어 있다.

2022년 12월 1일에 예정된 매각기일의 최저매각금액이 2억 580만 원이다. 따라서 최저매각금액에 낙찰받는다면 약 1억 5천만 원의 시세차익을 볼 수 있는 상황이다.

6. 낙찰 결과

해당 경매물건은 2023년 4월 3일 305,370,000원에 낙찰되었다. 21명이 입찰에 참여했고 차순위매수신고금액은 285,537,000원이었다. 앞서 파악한 시세가 약 3억 6,500만 원이었으니 시세 대비 6천만 원 정도 저렴하게 낙찰받았다고 할 수 있다.

2차 매각기일의 최저입찰금액이 294,000,000원이었고 유찰되었는데 3차 매각기일에서 2차 최저입찰금액보다 높은 305,370,000원에 낙찰된 점이 특이하다. 매매가격 자체가 그리 높지 않고 대출이자 부담도 덜할 터이니 21명이나 되는 많은 입찰자가 몰렸고 이에 따라 낙찰가가 올라간 것으로 보인다. 그럼에도 불구하고 시세 대비 16% 정도 되는 차익을 볼 수 있었다. 일반 매매였다면 공인중개사 수수료까지 부담해야 하니 경매를 통한 수익은 더 크다고 볼 수 있다.

소중한
내 임차보증금을
지키자!

전세금 돌려받지 못할 때
어떻게 해야 할까?

임대차 기간이 만료되었는데도 임대인이 전세보증금을 임차인에게 돌려주지 않는 경우 임차인은 어떻게 해야 할까? 우선 최근 빌라왕 1천 채 전세사기 사건이 이슈가 되었다. 수많은 피해자가 양산되고 있는데, 이처럼 전세금 미반환이 '전세사기'에 해당하는 경우에는 사기죄로 형사고소를 할 수 있다. 전세사기에 해당하지 않더라도 임차인은 해당 부동산에 대해 보증금반환청구소송의 확정판결 또는 그 밖에 이에 준하는 집행권원에 기한 강제경매를 신청해 보증금을 회수할 수 있다.

부동산 하락장이 지속되면서 이러한 보증금반환청구소송에 기한 강제경매신청이 늘어나고 있다. 전세계에서 우리나라에만 존재하는 전세제도에서 기인한 현상이다. 매매가와 전세가가 떨어지는 상황에서는 임차인은 반드시 보증금을 지키기 위해 강제경매신청 과정을 숙지하고 있어야 한다.

강제경매신청에서 필요한 '집행권원'이란 국가의 강제력에 의해 실현될 청구권을 표시하고 집행력이 부여된 공정증서를 말하는 것이다. 집행권원에는 대표적으로 확정판결이 있으며, 이외에도 화해조서, 조정조서, 확정된 조정에 갈음하는 결정, 화해권고결정, 집행증서, 확정된 지급명령 등이 있다.

최근 전세금반환청구 소송이 늘어난 이유

전국 강제경매개시결정 건수는 꾸준히 증가하고 있다. 2023년 3월 강제경매개시결정 등기 신청 건수는 2,661건으로 지난 2월 대비 2.1% 증가했고, 2022년(2,481건)과 비교해 7.3% 늘어났다.

강제경매개시결정등기가 증가했다는 것은 전세금반환청구소송이 늘어났음을 의미한다. 다시 말해 보증금을 돌려받지 못하는 임차인이 늘고 있다는 말이다. 최근 집값 하락에 따른 깡통전세 문제로 집주인이 임차인에게 전세보증금을 돌려주지 못하는 상황이 증가한 것이다. 실제로 주택도시보증공사(HUG)에 따르면 2023년 3월 전국에서 발생한 전세 보증 사고 금액은 3,199억 원으로 전월(2,452억 원)보다 747억 원(30.4%) 늘었다.

예컨대 3억 원짜리 주택의 전세가가 2억 5천만 원이라고 가정한다. 이 주택의 가격이 만에 하나 2억 5천만 원 미만으로 떨어지면, 집주인은

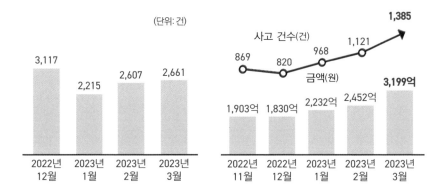

▍전국 강제경매 개시결정 등기신청 현황 ▍

(단위: 건)

3,117 — 2022년 12월
2,215 — 2023년 1월
2,607 — 2023년 2월
2,661 — 2023년 3월

▍전세보증보험 월별 보증 사고 추이 ▍

사고 건수(건)
869 · 820 · 968 · 1,121 · 1,385

금액(원)
1,903억 · 1,830억 · 2,232억 · 2,452억 · 3,199억

2022년 11월 · 2022년 12월 · 2023년 1월 · 2023년 2월 · 2023년 3월

본인 수중에 여력이 없는 이상 전세금을 돌려줄 수 없게 된다. 같은 전세가로 새로운 임차인을 구할 수가 없기 때문이다.

전세금을 돌려주지 못하는 깡통전세가 발생하면 임차인은 전세금반환청구소송 등을 통해 집행권원을 확보해 경매신청하는 방법으로 전세금을 받을 수밖에 없다. 이러한 원인으로 전세금 관련 소송이 증가하고 있다. 이러한 상황이 지속되고 있으므로, 임차인이라면 반드시 소송절차를 비롯한 법적 절차를 숙지해 전세금을 돌려받을 수 있는 준비를 해야 한다.

7장 소중한 내 임차보증금을 지키자!

전세금 미반환 시 형사고소의 필요성

1. 사기죄 성립 여부

전세금을 돌려받지 못했다고 해서 모두 전세사기로 형사처벌을 받는 것은 아니지만, 임대인이 거짓말로 보증금을 편취하는 경우 사기죄가 성립할 수 있다. 사기죄는 타인을 기망해 착오에 빠지게 하고 그에 따라 처분행위를 하게 해서 재물을 교부받거나 재산상 이익을 얻음으로써 성립한다.

임대인이 임대차계약 체결 당시 임차인에게 거짓말을 해서 임차인으로 하여금 착오에 빠지게 했고, 그에 따라 임차인이 보증금을 지급했다면 임대인을 사기죄로 형사 고소할 수 있는 것이다.

> **형법 제347조(사기)**
> ① 사람을 기망하여 재물의 교부를 받거나 재산상의 이익을 취득한 자는 10년 이하의 징역 또는 2천만 원 이하의 벌금에 처한다.

임대인의 거짓말이 반드시 적극적인 행위일 필요는 없다. 임차인이 알았다면 임대차계약을 체결하지 않았을 정도의 중대한 사항에 대해 임대인에게 신의성실의 원칙상 임차인에게 그와 같은 사정을 고지할 의무가 있다. 이를 고지하지 않은 것은 임차인을 기망한 것이 되어 사기죄를 구성한다.

2. 임대차보증금 미반환이 사기로 인정된 사례

임대인이 임차인에게 "건물에 가압류, 근저당, 전세권 등 아무런 권리가 없으며, 3년 후 반드시 보증금을 돌려주겠다."라고 하며 임대차계약을 체결했다. 그러나 알고 보니 건물에는 건물 가액을 넘는 근저당권, 가압류가 설정되어 있었다. 또한 피해자로부터 받은 전세금은 다른 사용처로 사용했고 임대인에게 다른 재산이 없어서 임차인으로부터 받은 보증금을 반환할 의사나 능력이 없었다. 이러한 경우 임대인에게 사기죄가 인정된 바 있다.

3. 형사고소의 필요성과 한계

물론 집주인이 사기죄로 형사처벌을 받는다고 하더라도 임차인이 전세보증금을 회수하게 되는 것은 아니다. 전세보증금을 회수하기 위해서는 민사절차를 거치는 수밖에 없다.

그러나 임대인의 사기적 행각이 명백한 사안에 대해서는 형사고소를 진행하는 것이 증거수집과 임대인에 대한 압박 차원에서 효과적인 방법이다. 특히 전세 제도를 악용하는 빌라왕 같은 범죄자에 대해서는 반드시 엄단이 필요하다고 생각된다.

전세금을 반환받기 위한 법적 절차

집행권원 확보 전에 필요한 조치

1. 내용증명 발송

임차보증금을 반환받기 위해 강제경매를 하려면 확정판결을 비롯한 집행권원 확보가 필요하다. 하지만 강제경매 없이도 보증금을 돌려받을 방법이 있다면 그것을 먼저 시도해보아야 한다. 그래서 법적인 조치를 취하기 전에 먼저 내용증명우편을 발송하는 것이 좋다.

보증금을 돌려받지 못한 임차인은 임대차계약 사실과 종료 사실, 임대차 종료에 따라 반환받아야 할 보증금액 등을 적은 내용증명우편을 발송해 보증금의 반환을 요구하면 된다. 내용증명의 양식은 정해진 것은 없으며, 임대차계약의 만료에도 불구하고 보증금을 돌려주지 않을 경우 보증금반환청구소송 등의 법적인 조치를 취할 것임을 명시하면 된다.

청약보다 쉬운 아파트 경매 책

2. 가압류 신청

임차인은 보증금반환청구소송을 제기하기 전에 강제집행을 보전하기 위해 임대인의 재산에 가압류를 해 둘 필요가 있다. 가압류란 금전채권이나 금전으로 환산할 수 있는 채권에 관해 장래 그 집행을 보전하려는 목적으로 미리 채무자의 재산을 압류해 채무자가 처분하지 못하도록 하는 제도다.

보증금반환청구소송이 진행되는 동안 임대인이 자신이 패소할 것을 우려해 재산을 처분할 경우, 승소판결을 받더라도 상대방의 재산이 없어 즉시 강제집행을 하지 못하는 경우들이 발생할 수 있다. 따라서 사전에 상대방이 재산을 처분하지 못하도록 동결조치를 취하는 조치가 가압류다.

소송 전, 이런 방법은 어떠세요?

1. 지급명령 신청

지급명령이란, 금전의 지급을 목적으로 하는 청구에 관해 채무자가 다투지 않을 것으로 예상되는 경우 채무자에게 그 지급을 명하는 재판을 말한다. 지급명령은 소송을 통하지 않고 적은 비용으로 신속하게 민사분쟁을 해결할 수 있다. 그러나 상대방이 지급명령에 대해 이의신청을 하면 소송절차로 이행되게 된다.

실무적으로 임대인이 전세보증금 반환의무 자체를 부인하는 경우는 드물 것이다. 단지 현재 보증금을 변제할 금전이 부족한 경우가 많을 것인데, 이 경우 지급명령 신청을 통해 집행권원을 확보하는 것이 편리하다. 즉 임대인이 보증금반환의무가 있다는 사실을 인정하고, 보증금 채무의 금액을 다투지 않을 것으로 예상되는 경우 지급명령 절차를 이용하면 된다.

지급명령신청서 기재 사항

- 임대인과 임차인의 성명

- 청구금액(임차보증금액)

- 신청취지: 임차보증금액 및 이에 대한 이자를 지급하라

- 신청이유: 임대차계약 체결사실, 임대차 대상 부동산, 임차보증금액, 임대차 기간 만료, 임차부동산 명도 사실 등

2. 조정제도

민사조정제도란 판결에 의하지 않고 서로 양보와 타협을 통한 합의를 통해 분쟁을 해결하는 절차다. 조정담당판사, 상임조정위원 또는 법원에 설치된 조정위원회가 분쟁당사자로부터 주장을 듣고 여러 사정을 참작해 분쟁당사자에게 조정안을 제시하게 된다(「민사조정법」 제1조).

민사조정을 신청하면 빠른 시일 내 조정기일이 정해지고, 대부분 한 번의 기일로 종료되기에 소송에 비해 시간이 훨씬 절약된다. 또한 소송에 비해 인지대가 1/10로 저렴하다. 임대차 기간이 만료되었음에도 임

대인으로부터 임대보증금을 돌려받지 못하는 경우, 보증금반환소송을 제기하기 전에 간이한 민사조정제도를 이용할 수 있다.

최후의 수단, 전세금반환청구 소송

대부분 소송은 최후의 수단이고, 가장 미뤄야 할 수단이다. 앞서도 보았지만, 소송은 많은 시간이 걸리고 비용 또한 상당하다. 상대방이 적극적으로 다투게 되면 1년 이상 걸릴 수 있고 그동안 부동산을 활용하지 못하는 경제적 손해까지 보게 된다. 또한 소송비용 역시 변호사 선임료로 인해 부담될 수도 있다.

그러나 반대로 소송은 가장 확실하고 정확한 수단이다. 승소 판결을 받을 경우 이를 집행권원으로 해서 강제경매를 신청할 수 있다. 소송 전 간편한 절차로서 내용증명, 지급명령, 조정제도를 이용할 수 있지만 상대방이 응하지 않는 경우 최종적으로 소송을 진행해야 한다.

임대차 기간이 만료되었음에도 임대인이 전세보증금을 반환하지 않는 경우, 임차인은 임차주택에 대해 보증금반환청구소송의 확정판결을 받아 경매를 신청해 보증금을 회수할 수 있다(「주택임대차보호법」 제3조의2 제1항).

▌임차보증금반환청구의 소 ▌

[임차보증금반환청구의 소 간략 예시]

소 장

원 고   ○○○
피 고   ◇◇◇

임차보증금반환청구의 소

청 구 취 지

1. 피고는 원고에게 금 00원 및 이에 대한 이자를 지급하라.

청 구 원 인

1. 원고는 피고와 20○○. ○. ○. 피고 소유의 ○○시 ○○아파트 401동 1102호를 임차 보증금 ○○원, 임대차기간 2020.1.2.부터 2년으로 하여 임대차계약을 맺은 사실이 있습니다.
2. 원고는 임대차계약기간이 끝나고 임차보증금의 반환을 요구하였으나, 피고는 임차보증 금의 반환을 하지 않고 있습니다.
3. 따라서 원고는 피고로부터 위 임차보증금 ○○원 및 이에 대한 이자를 지급받기 위하 여 이 사건 청구에 이른 것입니다.

입 증 방 법

1. 갑 제1호증   임대차계약서
1. 갑 제2호증   영수증

20○○. ○. ○.

원고   ○○○ (서명 또는 날인)

청약보다 쉬운 아파트 경매 책

공인중개사에게도 손해배상책임을 물을 수 있다

임대인으로부터 전세보증금을 돌려받지 못하는 경우, 이미 임대인이 보증금을 줄 돈이 없는 경우도 많다. 이러한 경우 보증금 소송에서 승소한다고 하더라도 실질적으로 보증금을 돌려받을 수 없다. 이렇게 보증금을 돌려받지 못하게 된 원인에는 공인중개사의 책임이 개입되는 경우가 있다. 전세사기에 고의로 개입한 공인중개사가 있다면 공동 불법행위가 성립할 것이다. 또 중요 부분에 대해 공인중개사가 설명의무를 다하지 못해 임차인이 보증금을 돌려받지 못할 수도 있을 것이다.

1. 공인중개사의 손해배상책임 인정 여부

> **공인중개사법 제30조(손해배상책임의 보장)**
> ① 개업공인중개사는 중개행위를 하는 경우 고의 또는 과실로 인하여 거래 당사자에게 재산상의 손해를 발생하게 한 때에는 그 손해를 배상할 책임이 있다.

첫째, 전세사기에 고의로 개입한 공인중개사다. 공인중개사가 임대인인 전세사기 범죄자와 공모하고 임차인을 기망해 부동산을 중개하는 경우가 있다. 이러한 사례에서는 공인중개사가 전세사기의 공범으로서 고의의 불법행위가 성립하므로 당연히 손해배상책임을 물을 수 있다.

7장 소중한 내 임차보증금을 지키자!

둘째, 중개의뢰인에게 확인 설명의무를 다하지 못한 과실이 있는 공인중개사다. 공인중개사가 중개목적 부동산에 관해 임차인에게 확인, 설명의무를 다했는지가 문제다. 임대차계약의 중요 부분에 대해 고의로 임차인에게 설명하지 않고 숨겼거나 과실로 확인의무를 다하지 못했다면 손해배상책임이 인정될 수 있다. 예컨대 임대인이 채무초과 상태로서 보증금을 돌려줄 자력이 없다는 사실, 세금 체납액이 보증금액을 훨씬 초과한다는 사실을 알면서도 일부러 임차인에게 숨긴다면 공인중개사의 고의 과실이 인정될 수 있을 것이다.

2. 한국공인중개사협회에 대한 공제금 청구

임대인으로부터 전세금을 돌려받지 못한 경우, 공인중개사에게 위와 같이 책임이 인정된다면 손해배상을 청구할 수 있다. 또한 공인중개사도 보증금액만큼의 자력이 없을 경우에는 한국공인중개사협회에 공제금을 청구할 수 있다. 법인인 개업공인중개사는 4억 원 이상, 법인이 아닌 개업공인중개사는 2억 원 이상 공제에 가입해야 한다. 피해자인 임차인은 공인중개사뿐만 아니라 한국공인중개사협회를 상대로 손해배상금에 상당한 공제금을 청구할 수 있다.

경매 배당을 통해
보증금 돌려받자

임차인은 경매 절차에서 배당을 통해 임차보증금을 돌려받게 된다. 임차인이 직접 소송을 통해 집행권원을 확보해 경매를 신청할 수도 있고, 임차인 외에 다른 채권자가 경매를 신청할 수도 있다. 두 경우 모두 결국 임차인은 경매 절차에서 임차보증금에 해당하는 금원을 배당받게 된다.

경매라는 제도가 있기 때문에 임차인은 보증금을 안전하게 지킬 수 있는 것이다. 가장 좋은 방법은 경매까지 가기 전에 임대인이 보증금을 돌려주는 것이지만, 돌려주지 않는다면 경매를 통해 부동산 낙찰대금에서 보증금액만큼 배당을 받으면 된다.

다만 깡통전세의 경우 경매를 통해서도 보증금을 전액 배당받을 수 없다는 것을 꼭 인지하자. 전세가보다 경매 낙찰가액이 낮아지면 보증금을 돌려받을 방법은 없다. 반드시 전세가가 매매가의 80%에 이르는 위험한 주택은 전세로 들어가지 않는 것이 상책이다.

임차인의 배당요구 신청

경매 절차에서 임차인은 보증금 채권의 원인과 액수를 기재한 서면으로 집행법원에 권리신고 및 배당요구를 하게 된다. 그 신청서에는 집행력 있는 정본 또는 그 사본, 임대차계약서 사본과 주민등록등본 등을 붙여야 한다(「민사집행규칙」 제48조).

임차보증금액의 배당

1. 우선변제권을 가진 임차인

우선변제권은 대항력 및 확정일자를 갖춘 임차인을 말한다. 배당요구의 종기까지 임차인이 배당요구를 한 경우, 우선변제권 발생일을 기준으로 다른 배당채권자와의 선후에 따라 배당순위가 결정되고, 이에 따라 배당금이 정해진다(「주택임대차보호법」 제3조의2 제2항).

2. 최우선변제권을 가지는 소액임차인

최우선변제권이란, 소액임차인의 보증금을 보호하기 위해 특별히 인정하는 권리다. 법령이 정한 소액임차인에 해당되고, 첫 경매개시결정 등기 전에 주택의 인도와 주민등록을 마쳐 대항요건을 갖춘 경우, 선순위 담보물권자가 있더라도 보증금 중 일정액을 그 담보물권자보다 우선해 변제받을 권리다(「주택임대차보호법」 제8조 제1항).

임차권등기를 한 임차인

「주택임대차보호법」은 주택의 인도와 주민등록을 대항력의 취득 및 존속 요건으로 하고 있기 때문에 임차인이 임차보증금을 돌려받지 못한 상태에서 이사 가게 되면, 대항요건인 점유를 잃게 되어 종전에 취득했던 대항력이 상실된다.

　이러한 문제를 해결하기 위해 임차권등기명령제도를 활용해 법원의 집행명령에 따른 등기를 마치면 임차인에게 대항력 및 우선변제권을 유지하게 하면서 임차주택에서 자유롭게 이사할 수 있다. 즉 경매개시결정 전에 임차권등기를 마친 임차인은 배당요구 없이도 당연히 경매 절차에서 보증금 상당액을 배당받게 된다(「민사집행법」 제148조 제3호).

경기도 광명시 아파트

경매물건을 찾다 보면 등기사항증명서상 채권자들 다수가 얽혀 있는 경우를 심심치 않게 볼 수 있다. 일반적으로는 아파트를 매수한 사람은 주택담보대출을 통해 자금을 마련한다. 따라서 등기사항증명서상 선순위 저당권자로 ○○은행이 존재하고 기타 다른 후순위 채권자는 없는 경우가 보통이다.

그러나 어떤 물건의 경우 선순위 저당권자 외에도 후순위 권리자가 각각 다른 일자에 각기 다른 금액으로 등기되어 있기도 하다. 집주인이 다양한 채무를 부담하고 있다는 것이다. 그러나 권리분석은 의외로 너무나 간단하다. 한번 살펴보자.

1. 경매사건 조회

경기도 광명시 철산동의 한 아파트다. 감정가 10억 6천만 원으로 시작했는데, 1회 유찰되어 최저매각금액이 7억 4,200만 원으로 하락한 상황이다. 감정가보다 30% 하락한 금액으로 기회가 될 수 있으므로 지역분석, 권리분석, 시세분석을 해보겠다.

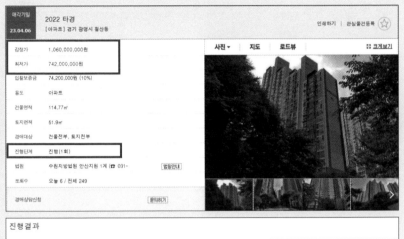

매각기일	결과	최저매각금액	최저가율(%)
2023.03.02	유찰	1,060,000,000원	100%
2023.04.06	진행	742,000,000원	70%

2. 입지분석

경기도 광명시 철산동의 경매물건 부근 입지분석을 손품으로 해보자. 교통, 직장, 학군, 환경, 공급의 기준으로 간단히 입지분석을 하고 가치가 있다고 생각되면 경매물건 권리분석을 진행한다.

광명시 철산동은 서울시 금천구와 완전히 맞닿아 있는 곳으로 사실상 서울생활권으로 보아도 무방하다. 직장인 수가 많은 구로와 가산이 매우 가까워서 직주근접 수요가 많다고 볼 수 있다. 경매물건 지역에서 7호선 철산역이 도보 15분 거리에 있으며, 지하철로 한 정거장만 가면 서울 금천구 가산디지털단지역이다. 가까운 거리에 초등학교가 두 곳이 있고 도덕산공원이 있다.

　다만 해당 지역은 대규모 정비사업을 통해 향후 아파트 공급량이 꾸준히 증가될 지역이라는 것을 유의해야 한다. 지역의 아파트 공급량이 많다면 주택가격과 전세가격 하락으로 이어질 수 있기 때문이다.

┃ 경기도 광명시 아파트 입지 ┃

자료: 네이버 지도

청약보다 쉬운 아파트 경매 책

3. 등기사항증명서 권리분석

등기사항증명서상 여러 권리가 적시되어 있다. 다소 헷갈릴 수 있지만 정확하게 분석만 한다면 문제 될 게 없다. 말소기준권리의 종류로는 (근)저당권, (가)압류, 경매개시결정기입등기, 담보가등기, 전세권(전세권자가 배당요구 시) 등이 있다. 말소기준권리 전에 권리가 있다면 인수되고, 그 뒤에 있는 권리는 소멸된다.

┃ 경기도 광명시 아파트 등기권리 ┃

등기권리

번호	접수일자	권리종류	권리자	권리금액	비고
1	2002.09.03	소유	박OO		전소유자: 매매 (1999.02.23)
2	2014.12.30	근저	농OOO(OOOOO)	314,100,000원	**말소기준권리**
3	2020.05.12	근저	국OOO(OOOOO)	260,400,000원	
4	2021.01.19	근저	오OO	320,000,000원	
5	2021.02.16	가압	성OO	242,582,523원	
6	2021.03.03	근저	김OO	385,000,000원	
7	2021.08.17	가압	박OO	27,000,000원	
8	2022.04.07	근저가처	신OOOOO(OOOOOOOO)		(김 의 근저가처)
9	2022.06.03	임의	국OOO(OOOOO)		(2022타경) 청구액 227,246,333원
10	2022.06.09	가압	신OOOOO(OOOOOOOO)	19,498,628원	
11	2022.06.13	근저가처	신OOOOO(OOOOOOOO)		(오 의 근저가처)
12	2022.07.11	임의	농OOO(OOOOOOO)		(2022타경)
13	2022.08.04	가압	삼OOO	24,883,263원	
14	2022.08.23	가압	김OO	350,000,000원	
15	2022.11.16	압류	구OOOOO		
16	2023.02.02	압류	광OO		

(열람일 : 2023.02.14)

7장 소중한 내 임차보증금을 지키자!

농○○○이 설정한 근저당권이 가장 먼저 설정되었으므로 말소기준권리가 된다. 이하 모든 권리는 경매를 통해 소멸되는 권리들이다. 8번과 11번에 근저당권 가처분이 표시되어 있다. 어차피 이 가처분은 말소기준권리 이후에 설정된 가처분이고 말소기준권리에 대한 가처분이 아니기 때문에 경매 참여자에게 어떠한 영향을 주는 것은 아니다.

근저당권 처분금지 가처분이란 채무초과 상태에 있는 채무자가 특정 채권자에게 유리하게끔 근저당권을 설정하는 경우 이에 대한 취소를 구하는 소송을 할 필요가 있는데 이때 하게 되는 가처분이다.

즉 이 사건의 경우 소유자인 박○○씨가 김○○씨 및 오○○씨에게 설정해준 근저당권이 해당 채권자에게 특별히 유리하게끔 하는 사해행위라고 주장하며 이에 대한 취소를 구하는 것이다. 이 저당권이 취소된다면, 원래 가처분권리자인 신○○○○보다 선순위권리자였던 김씨 및 오○○씨의 선순위권리가 사라지므로 가처분권리자인 신○○○○에게 배당되는 금액이 늘어날 수 있다.

결론적으로는 현재 등기사항증명서상 권리는 경매를 통해 모두 소멸되는 안전한 물건이다.

4. 임차인 권리분석

해당 물건은 조사된 임차 내역이 없는 소유주가 직접 점유하고 있는 물건으로 임차인 권리분석은 할 필요가 없다.

청약보다 쉬운 아파트 경매 책

▌경기도 광명시 아파트 임차관계 ▌

임차관계

구분	임차인	성립일자	점유부분/기간	보증금/월세	기타
법원임차조사	조사된 임차내역이 없습니다				
주민센터 직접확인	박**	전입 2002.06.17			열람일 2023.02.19
관리비체납	-22년12월까지미납없음, 관리비담당 02-				기준일 2023.02.16
관할주민센터	-	주민센터			

말소기준권리일자 : 2014.12.30, 배당요구종기일 : 2022.08.24

▌경기도 광명시 아파트 시세 ▌

매매 실거래가

2023.03. 국토교통부 기준

계약월	매매가	
2021.01.	**8억 5,000(13일,21층)**	**7억 8,000(8일,3층)**
2020.12.	7억 3,000(19일,2층)	7억 5,000(5일,8층)

매매 시세

✓ 한국부동산원 / KB부동산 / 부동산뱅크

기준일	하한가	상한가	평균변동액	매매가 대비 전세가
2023.03.20.	**7억9,000**	**9억**	**-**	**65~66%**
2023.03.13.	7억9,000	9억	-	65~66%

매매 시세

한국부동산원 / ✓ KB부동산 / 부동산뱅크

기준일	하위평균가	일반평균가	상위평균가	매매가 대비 전세가
2023.03.24.	**8억3,000**	**8억6,000**	**8억8,000**	**67~68%**
2023.03.17.	8억4,500	8억7,500	9억	66%

자료: 네이버 부동산

7장 소중한 내 임차보증금을 지키자!

5. 시세분석

마지막으로 입찰가를 쓰기 위한 시세를 파악해야 한다. 경매 감정가는 실제 시세와 차이가 크게 날 수도 있으므로, 현재의 시세와 실거래가를 파악해 입찰가를 작성해야 한다. 실거래가는 국토교통부 실거래가 공개시스템, 시세는 KB시세와 한국부동산원의 시세를 참고하자.

실거래가의 경우 2021년 1월 13일 8억 5천만 원에 거래된 기록이 있지만 벌써 2년이 더 된 거래이므로 참고만 하는 것이 나아 보인다. 시세는 한국부동산원의 경우 약 8억 4,500만 원, KB부동산의 경우 약 8억 6천만 원에 형성되어 있다.

2023년 4월 6일에 예정된 매각기일의 최저매각금액이 7억 4,200만 원이다. 따라서 최저매각금액에 낙찰받는다면 약 1억~1억 2천만 원의 시세차익을 볼 수 있는 상황이다.

6. 낙찰 결과

해당 경매물건은 2023년 5월 11일 791,610,000원에 낙찰되었다. 38명이 입찰에 참여했고 차순위매수신고금액은 790,000,000원이었다. 앞서 파악한 시세가 약 8억 5천만 원이었으니 시세 대비 6천만 원 정도 저렴하게 낙찰받은 사례다.

해당 아파트의 전세가격 시세는 낙찰일 기준 약 5억 7천만 원이다. 만약 갭투자를 계획한다면 2억 2천만 원의 현금과 전세금 5억 7천만 원으로 낙찰받아 6천만 원의 수익을 올린 것이니 굉장히 수익률이 높다.

참고 문헌 및 참고 사이트

1. 참고 문헌

강은현, 『경매야 놀자』, 서원북스, 2022년

정상열(천자봉플러스), 『경매 명도의 특급 비밀 100문 100답』, 한국경제
　　신문, 2020년

이장원·김강산·이태윤, 『부의 관리 전문직의 시각』, 체인지업북스,
　　2023년

이시윤, 『신민사집행법』, 박영사, 2020년

이시윤, 『신민사소송법』, 박영사, 2021년

지원림, 『민법강의』, 홍문사, 2021년

2. 참고 사이트

대한민국법원 법원경매정보 www.courtauction.go.kr

실거래가 공개시스템 rt.molit.go.kr　　국토교통부 molit.go.kr

인터넷 등기소 iros.go.kr　　정부24 gov.kr

한국부동산원 reb.or.kr　　국가법령정보센터 law.go.kr

KB부동산 kbland.kr　　네이버 부동산 land.naver.com

다음 부동산 realty.daum.net　　탱크옥션 tankauction.com

지지옥션 ggi.co.kr　　온비드 onbid.co.kr

청약보다 쉬운
아파트 경매 책

초판 1쇄 발행 2023년 6월 15일
초판 3쇄 발행 2023년 7월 10일

지은이 | 이장원 김진구
감수자 | 정상열(천자봉플러스)
펴낸곳 | 원앤원북스
펴낸이 | 오운영
경영총괄 | 박종명
편집 | 최윤정 김형욱 이광민 김슬기
디자인 | 윤지예 이영재
마케팅 | 문준영 이지은 박미애
등록번호 | 제2018-000146호(2018년 1월 23일)
주소 | 04091 서울시 마포구 토정로 222 한국출판콘텐츠센터 319호(신수동)
전화 | (02)719-7735   팩스 | (02)719-7736
이메일 | onobooks2018@naver.com   블로그 | blog.naver.com/onobooks2018

값 | 18,000원
ISBN 979-11-7043-418-4 03320